대륙에 용맹을 떨친 명장
김홍일

대륙에 용맹을 떨친 명장

김홍일

| **윤상원** 지음 |

일제강점기 동안 일제의 침략에 맞선 조선민중의 항일투쟁은 끊임없이 진행되었다. 항일투쟁의 양상은 3·1운동으로 시작하여 임시정부, 의열투쟁, 사회주의운동, 대중운동 등 매우 다양하게 나타났다. 그중에서도 일제의 군대와 직접 총부리를 맞대고 싸웠던 무장독립투쟁은 우리 민족의 자존감과 의기를 높이는 데 크게 기여하였다. 그에 따라 지금까지 진행된 독립운동사 연구는 무장독립투쟁에 큰 관심을 기울여 왔으며, 많은 선구적 업적들을 이루어냈다. 그럼에도 아직까지 무장독립투쟁의 전면모가 드러났다고는 할 수 없다.

1918년 약관의 나이에 조국을 떠나 중국으로 망명한 이후 해방될 때까지 일제에 맞서서 무장독립투쟁에 올곧게 헌신하였던 김홍일의 생애와 독립운동 역시 우리 독립운동사에서 정밀하게 다루어지지 않은 한 부분이다. 김홍일의 생애와 무장투쟁에 관한 연구는 아직 이루어진 적이 없으며, 단지 연해주 대한의용군, 윤봉길의 의거, 중국중앙육군군관학교 낙양분교 한인특별반, 한국광복군 등 김홍일이 관계했던 단체와 활동에 대한 연구에서 간헐적으로 언급될 뿐이다.

이러한 단체와 활동에 대한 연구가 상당한 정도로 이루어졌음에도 불구하고 조명되지 못했던 까닭은 아마도 그가 줄곧 중국국민당의 장교로 활동했기 때문으로 보인다.

김홍일은 중국 국민혁명군과 한국의 독립운동에서 중요한 역할을 수행하였다. 그는 귀주육군강무학교를 졸업한 뒤에 연해주로 가서 연해주 대한의용군을 이끌고 러시아 내전에 참가하여 큰 공을 세웠다. 러시아 내전이 끝난 후 중국 관내로 돌아와서는 중국국민당의 국민혁명군으로 활동하면서 북벌과 중일전쟁에 참가하여 활동하였고, 대한민국임시정부, 조선의용대, 한국광복군에서도 중요한 직책을 맡아서 활동하였다. 그리고 김구가 주도하는 한인애국단에서 윤봉길의 의거를 지원하였으며, 중국중앙육군군관학교 낙양분교 한인특별반의 교관으로 조선의용대 창설에 깊이 관여하였고, 광복군에서는 참모장을 맡아 활약하기도 하였다. 해방 이후에는 중국 동북 지역의 동포들이 안전하게 귀국할 수 있도록 노력하였다.

이러한 김홍일의 활동을 살펴보는 일은 일제강점기에 중국이나 러시아 등지의 혁명 활동에 참여하면서 동시에 독립운동을 전개한 수많은 독립운동가들의 활동의 전형을 보여준다는 의미에서 매우 중요한 작업이라고 할 수 있다.

2015년 12월

윤 상 원

차례

출생과 성장과정

김홍일은 1898년 9월 23일에 평안북도 용천군龍川郡 양하면楊下面 오송리五松里에서 김진건金振健의 셋째 아들로 태어났다. 본관은 김해金海이고, 초명은 홍일弘日이며 호는 일서逸曙였다. 그는 중국에서 활동하면서 왕웅王雄, 왕일서王逸曙, 왕복고王復高 등의 가명을 사용하였다.

김홍일의 가계에 대해서는 자세히 알려진 바는 없지만 그의 자서전에 따르면 꽤 부유한 집안이었던 것으로 보인다. 러일전쟁 시기에는 그의 집을 러시아군과 일본군이 번갈아 사령부로 이용할 정도로 동네에서 가장 큰 집이었다고 한다. 그 과정에서 김홍일의 집안은 필연적으로 일본군과 러시아군이 끼치는 피해를 고스란히 받을 수밖에 없었다. 이처럼 김홍일은 어린 시절에 러일전쟁을 겪으면서 기울어가는 나라의 현실을 직접적으로 체감하였다.

그의 부친 김진건은 선대로부터 경영해 오던 풍곡재楓谷齋라는 이름의 서재를 근대식 소학교로 고쳐 운영하였다. 풍곡재는 이 무렵 여러 지역에 존재하고 있던 개량서당 중 하나로, 기존의 한문교육뿐 아니라 산술과 한글 등의 신학문을 가르쳤다. 그는 한일병합을 전후해 만주로 넘어가 봉천奉天 신민둔新民屯 부근에서 대규모 농장을 경영하기도 하였다. 1912년에는 고향에서 32호의 농가를 이주시켜 농사를 짓게 하기도 하였다. 김진건은 싱가포르에서 1918년에 사망하였는데, 이때 그는 독립운동과 개인사업을 목적으로 만주와 홍콩 등지를 다니다가 싱가포르에 체류중이었다. 또한 그의 장남이자 김홍일의 형인 김홍익金弘翊은 만주 장춘長春에서 정미소를 운영하였다. 이로 미루어보아 김홍일의 집안은 당시 상당한 재력을 갖추고 국내외에서 다양한 사업을 벌이며 시대의 변화에 적극적으로 대처해 나갔던 지방 유지였다고 할 수 있다.

김홍일이 태어난 곳은 양시楊市라고 불리는 소읍이었다. 양시는 압록강 하류의 접경 도시인 신의주와 용암포 사이에 자리 잡은 장터로 교통이 편리하여 많은 사람과 문물이 모였고, 인근에 있는 신의주와 용암포를 통해 나라 밖의 소식을 자주 접할 수 있는 곳이었다. 러일전쟁 시기에는 러시아군과 일본군이 교차로 주둔하기도 하였다.

양시는 이러한 지리적 특성 때문에 일찍부터 항일투쟁이 활발하게 벌어졌다. 안창호, 양기탁, 이갑, 유동열, 이동휘, 이동녕, 전덕기 등이 창건위원이 되어 1907년 2월에 결성한 신민회는 민족산업운동의 하나로 사업장을 만들어 실업가의 경영방법을 지도하는 활동을 전개하였다. 이를 위해 양시에 무역상사 겸 도매상사인 상무동사商務同事를 설립하였다. 용천 출신으로 상무동사의 주도적인 인물이었던 송자현宋子賢과 이기당李

基唐은 일제가 1911년에 조작한 소위 '105인 사건'에 연루되어 징역 8년형을 선고받기도 하였다.

일제의 침탈이 본격화되어 가던 1909년에는 양시에서 소위 '백일세百一稅' 사건이라 불리는 일이 일어났다. 통감부는 1909년 4월에 법률 제12호로 지방세법에 시장세市場稅를 신설하여 시장에서 상인들이 매출한 매상고의 100분의 1을 징수하도록 하였다. 순이익의 100분의 1도 과중한데 매상고의 100분의 1을 징수하는 것은 엄청난 수탈 행위였다.

이에 따라 시장세에 반대하는 운동이 전국적으로 일어났다. 양시에서도 1909년 12월 18일 장날에 송자현, 황국보, 김계형, 김계종, 장죽섭, 김청달, 김영일, 안봉국, 한영걸, 정승록, 조봉국, 이근혁, 이성학, 이세한 등이 주동하여 시장세 징수를 거부하는 투쟁을 벌였다.

이 투쟁은 장날에 운집한 많은 상인들과 농민들이 일본인 세금징수원에게 항거하자 헌병경찰이 출동하여 가혹한 진압을 함으로써 더욱 확대되었다. 경찰은 주모자를 색출하는 데 혈안이 되어 배후조종자로 지목된 14명을 체포하여 용암포헌병경찰분소에 수감하였다. 이에 격분한 용천군민 수백 명이 경찰분소 앞으로 몰려가 수감된 이들을 석방하라고 항의하였다. 이에 군수가 3일 내로 모두 방면하겠다고 약속하였으나, 결국 수감된 이들은 모두 신의주로 압송되었다. 이때 체포되었던 한영걸은 고문을 이기지 못하고 옥사하였으며, 안봉국도 출옥 이후 얼마 지나지 않아 병사하였다. 또 다른 주동자인 황국보와 송자현은 평양감옥에서 1년간 복역하였다.

그리고 김홍일이 중국으로 망명한 이후이기는 하지만 용천군의

봉천의 옛 시가 모습

3·1운동도 주목할 만하다. 용천군의 만세운동은 양시에서 가장 먼저 시작되었다. 3월 4일 밤에 600여 명이 참가하고, 이튿날인 5일에는 500여 명이 참가하여 독립만세를 부르다가 주모자 20여 명이 체포되었다. 이후 용천군에서는 총 28회에 걸쳐 27,600여 명이 만세시위에 참가하였다. 그중에서 2명이 사망하고, 27명이 중상을 입었으며, 554명이 체포되어 11명이 옥살이를 하였다.

어려서부터 고향에서 벌어진 이러한 항일운동을 직접 목격했던 김홍일은 당시 부친이 운영하던 풍곡재에서 소학교 과정을 마쳤다. 소학교에서 『유년필독幼年必讀』, 『월남망국사越南亡國史』, 『파란망국사波蘭亡國史』, 『이태리삼걸전伊太利三傑傳』, 『미국독립사美國獨立史』 등과 같은 교재로 공부

오산학교 졸업식(1917)

하면서 독립의식을 함양하였다. 이후 만주에서 농장을 경영하던 부친의 권고에 따라 좀 더 폭넓은 공부를 위해 1913년에 봉천奉天(현재 중국 심양)으로 건너가 소서변문외양등학교小西邊門外兩等學校 고등과에 입학하였으나, 중국인들의 민족적 차별과 멸시로 인해 한 학기만을 마치고 귀국할 수밖에 없었다. 이때 김홍일은 나라가 없는 망국민에 대한 대우가 어떠한 것인지를 16살의 나이에 중국 땅에서 느꼈다.

김홍일은 귀국한 후에 당시 대표적인 민족교육기관이었던 정주定州의 오산학교五山學校에 편입하여 수학하였다. 오산학교는 남강 이승훈이 애국계몽운동의 일환으로 1907년 12월에 세운 교육기관으로 많은 독립운동가들이 교편을 잡으면서 평북 지역의 민족계몽운동에 앞장서고 있었다. 김홍일이 편입할 당시인 1915년에는 조만식이 교장이었다. 김홍일은 이승훈과 조만식의 고매한 인격을 바탕으로 만들어진 오산학교의 순박하고 검소한 교풍과 민족적인 긍지와 사명감을 세워주는 교육을 통해 독립에 대한 인식을 가질 수 있었다. 그리고 1918년에 수석으로 졸업하였다. 이후 김홍일은 오산학교의 제4대 총동창회장을 맡기도 하였다.

원래 김홍일은 오산학교를 졸업하고 홍콩에 있는 대학으로 유학을 가기로 예정되어 있었다. 사업차 홍콩에 있던 부친의 권고였다. 그러나 부친이 졸업을 앞두고 싱가포르에서 작고했다는 부고를 받았다. 김홍일은 집으로 돌아와 시체도 없는 장례식을 치르고 난 후, 이승훈으로부터 빨리 평양으로 오라는 전보를 받았다. 조만식으로부터 집안 사정을 들은 이승훈은 김홍일에게 황해도 신천에 위치한 경신학교의 교사직을 알선해 주었다.

경신학교는 황해도 신천교회에서 설립한 학교였다. 김홍일은 여기에서 그동안 배운 근대적 신학문과 민족정신을 바탕으로 하는 교육활동에 전념하였다. 그러나 이러한 생활도 오래가지 못하였다. 김홍일은 경신학교에 부임하고 처음으로 맞는 여름방학을 이용하여 황해도 지역의 민족운동자들을 수소문하여 찾아다녔다. 그러나 마침 황해도 지역의 민족운동자들을 주시하고 있던 일제 경찰은 김홍일을 비밀결사를 조직하였다는 혐의를 씌워 체포하였다. 오산동문회를 반일 비밀결사로 몰아서 조만식에게 터무니없는 죄목을 뒤집어씌우려는 의도였다. 그러나 없는 죄가 만들어질 수는 없었다.

김홍일은 3일간 경찰서 유치장에 갇혀서 심문을 받았지만 결국 무혐의로 풀려났다. 하지만 경신학교의 교사직을 그만둘 수밖에 없었고, 일제 경찰이 언급한 인물들과의 서신교환도 금지되었다. 또한 거주지에서 30리 이상을 벗어날 경우 인근 주재소에 행선지와 사유를 보고해야 했다. 김홍일은 이러한 일제 경찰의 탄압 때문에 오갈 데가 없는 신세가 되었다.

당시 김홍일의 딱한 사정을 본 맏형 김홍익이 중국으로 갈 것을 권했다. 김홍일 역시 이번 기회에 선친의 유지를 받들어 상해로 가서 중국군관학교에 입교하기로 결심하였다. 중국의 군관학교에서 선진군사기술을 배워 일제와 싸우겠다는 생각을 한 것이었다. 김홍익과 오산학교 동창 김승척金承倜이 그에게 30원의 여비를 마련해 주었다. 김홍일은 이렇듯 주변의 도움으로 마련된 망명자금을 가지고 1918년 9월에 신의주를 거쳐 안동으로 건너갔다. 그리고 안동에서 배를 타고 상해로 향하였다.

중국 망명과 귀주육군강무학교 졸업

한인 청년들의 중국군관학교 입학

조선이 일본에 병탄된 이후 조국의 독립을 위해 중국으로 망명한 한인 청년들이 중국 각지에 있는 군사학교에 입교하였다. 임시정부 독립신문사 사장 등으로 활동한 김승학은 1910년대 초반에 봉천강무당奉天講武堂에서 수학했으며, 이관구는 1912년 무렵에 절강성 항주군사학교抗州軍事學校 속성과速成科를 졸업하였지만, 보다 구체적이고 조직적인 입교는 1910년대 후반 이후에 중국 군벌정권의 군사학교 중심으로 이루어졌다.

신해혁명을 배반한 원세개袁世凱(위안스카이)의 사망 이후 중국 전역에 할거한 군벌들은 경쟁적으로 군사력을 강화하면서 군사적 기반 확보를 위해 독자적인 군사교육기관을 운영하였다. 산서 군벌 염석산閻錫山의 산서군관학교, 운남 군벌 당계요唐繼堯의 운남육군강무당과 귀주육군강무학교, 낙양 군벌 오패부吳佩孚의 낙양군관학교, 사천 군벌의 사천육군군관학당, 북경정부 육군총감 휘하의 보정군관학교 등이 대표적인 군벌들의 군사교육기관이었다. 많은 한인 청년들이 이러한 군사학교에 입학하여 군사교육을 받은 후 독립투쟁의 전선에 나서고자 하였다.

이들의 입교는 중국의 군벌정권과 직간접적인 관계를 맺고 있던 신규식申圭植, 민필호閔弼鎬, 여운형呂運亨, 박찬익朴贊翊 등의 주도로 이루어졌다. 이들의 활동은 중국에서 한국독립운동을 전개하는 데 상당한 이점으로 작용하였다. 특히 신규식이 박은식朴殷植, 김규식金奎植, 신채호申采浩, 조소앙趙素昂 등과 함께 중국 관내 지역의 활동기반 형성과 독립운동 활성화를 목표로 1912년에 동제사를 조직한 것은 중국 내 한국독립운동이 더욱 더 조직적으로 전개되기 시작했음을 의미했다.

동제사는 여러 독립운동가들과 연대하면서 활발한 독립운동을 전개하였다. 그중에서도 한인청년들을 군관학교에 입교시키는 군사교육활동은 동제사가 가장 중점을 둔 사안이었다. 이후 김홍일의 귀주강무학교 입교에 결정적 역할을 한 황개민黃介民도 한중혁명동지의 연합조직인 신아동제사新亞同濟社의 일원으로 동제사와 관련이 있었다.

3·1운동 이전 시기부터 운남 군벌 당계요와 긴밀한 관계를 맺어온 신규식은 1920년 전후한 시기에 한인 청년들의 운남강무학교 입학을 적극적으로 주선하였다. 이범석이 대표적인 경우였다. 그는 1915년 여름에 잠시 국내로 들어온 여운형과의 만남을 계기로 중국의 군관학교에 입교할 결심을 하고, 그해 겨울에 봉천을 경유하여 상해로 망명하였다.

이범석은 1916년에 군관예비학교의 성격을 띤 항주체육학교를 6개월간 다닌 후 신규식의 주선으로 1916년 가을에 운남강무학교 기병과 12기생으로 입교하였다. 그와 함께 입교한 한인 청년들은 배달무裵達武, 김정金鼎, 김세준金世俊, 최진崔震 등이었다. 이들은 3·1운동 직후 운남강무학교를 졸업하였다.

운남강무학교 15기생으로는 30여 명의 한인 청년들이 입교하였으며, 16기생으로는 신흥무관학교를 졸업하고 청산리전투에도 참가한 김훈金勛이 대표적이다. 후일 중국공산당에서 양림楊林이라는 이름으로 활약한 김훈은 청산리전투 이후 독립군 부대가 노령으로 이동할 때 '군사지식의 습득'을 위해 상해로 출발하였다. 그는 1921년 초에 운남강무학교 포병과에 입학하였다. 17기생에는 최용건崔庸健, 이계동李啓東, 김형동金瀅東 등이 알려져 있고, 18기생으로는 김종진金宗鎭과 김노원金魯源, 한철韓哲, 마일용馬一龍 등이 있었다. 이들 외에도 입교 시기는 정확하지 않지만 김관오金冠五, 이준식李俊植, 오명吳明, 이검운李檢雲, 문일민文逸民, 김창림金昌林, 정인제 등이 1920년대 초반 운남강무학교에 입교한 것으로 확인된다.

이처럼 한인 청년들이 운남강무학교에 입학하는 과정은 신규식과 같은 상해의 독립운동가들의 주선으로부터 비롯되는 경우가 일반적이었다. 이로 인해 운남강무학교에 입학하기 위해서는 엄격한 시험이 요구되었지만, 한인 입교생들의 경우에는 무시험 특별입학이 허용되었던 것으로 추정된다.

오패부 군벌의 낙양군관학교에는 1921년 4월에 김유신金攸信이 입교하였고, 1923년 여름에는 한국노병회 특별 회원 채원개蔡元凱, 최천호崔天

浩, 박희곤朴熙坤이 입교하였다. 이들 외에도 1924년에는 한인 청년 50여 명이 입교하였다. 이 중 김유신은 3·1운동 이후 만주 관전현寬甸縣에서 대한독립단에 가입하는 한편, 고향인 평북 의주에서 대한청년결사대와 대한독립보합단을 조직하여 활동하였다. 그러나 김유신은 독립운동의 장기화에 대비할 급선무가 군사지식의 습득임을 인식하고, 1920년 12월 말에 상해로 갔다. 그는 상해에서 여운형의 소개를 받고, 광동으로 가서 손문孫文(쑨원) 등 광동정부 요인과 면담하였다. 그리고 광동정부 사법부장 서겸의 소개장을 가지고 군사학교 입교를 위해 하남성의 군벌 풍옥상馮玉祥을 찾아갔다. 하지만 풍옥상은 군사학교를 운영하지 않았기 때문에, 김유신은 다시 낙양으로 가서 오패부에게 간청하여 1921년 4월에 낙양군관학교에 입교하였다.

이외에도 절강성浙江省의 항주군관학교에는 헤이그밀사 이준의 아들로, 1920년대 러시아 지역 항일무장투쟁의 지도자 중 한 사람인 이용李鏞과 채영蔡英, 한운용韓雲龍, 이보민李輔民 등이 수학하였다.

조선식산은행과 동양척식주식회사 폭파사건으로 유명한 나석주羅錫疇는 하남성河南省 소재 한단군관학교를 졸업하였다. 또한 『독립신문』은 사천성 소재 노주군관학교에 1922년 당시 21명의 한인 학생들이 재학하고 있는 사실을 보도하였다.

그리고 후일 중국군에서 사단장의 지위에까지 이르는 송호성宋虎聲과 중국공산당의 대장정에 참가하고 1940년대에 조선의용군의 총사령이 된 무정武亭은 보정군관학교를 졸업하였다.

중국 군벌들의 군사학교 외에도 항공학교, 군의학교, 군수학교 등의 각급 군사교육기관에도 다수의 한인 청년들이 입교하였다. 최용덕崔用德과 서왈보徐日甫는 단기서段祺瑞 군벌이 운영하던 북경육군항공학교를 졸업하였고, 운남육군항공학교에는 이영무李英茂, 장지일張志日, 이춘李春 그리고 최초의 한인 여류비행사로 알려진 권기옥權基玉이 다녔다. 광동육군항공학교에는 1921년 가을에 박태하朴泰河, 김진일金震一이 입교하였는데, 두 사람은 재학 중에 허숭지許崇智 북벌군 소속으로 복건福建전투에 참가하기도 하였다. 이외에도 신건식申健植은 1912년에 항주의약전문학교를 졸업하고 항주군의학교 외과주임으로 재직하였으며, 황운용黃雲龍은 1922년 5월에 북경육군군의학교를 졸업하였다.

이처럼 많은 한인 청년들이 1920년을 전후하여 군벌정권의 각급 군사학교에 입교하여 군사지식을 쌓았다. 이들은 군사학교를 졸업하고 1920년대 한인 독립운동의 역량 확충에 기여하였다. 물론 당시 군벌들 사이의 대립이 치열했기 때문에 그들의 처지는 안정적이지 못했다. 또한 군사학교가 위치한 지역이 항일투쟁의 주전장인 만주나 상해에서 멀리 떨어져 있었기 때문에 군사학교에서 수학한다는 사실 자체가 대단한 역경이었다. 하지만 한인 청년들은 중국 군벌의 군사학교 수학을 통해 1920년대 한인 독립운동의 강화에 일익을 담당함과 동시에 한중연합의 국제적 연대 형성에도 일정한 역할을 하였다.

귀주육군강무학교 졸업과 북벌전 참여

고국을 떠나 김홍일이 찾아간 곳은 상해였다. 당시 상해는 명실상부 동양 최대의 국제도시였다. 아편전쟁의 결과로 체결된 남경조약南京條約에 따라 이듬해인 1843년에 개항한 상해는 이후 서양제국주의 국가들의 조계지가 설정되었다. 이후 상해에는 중국 지방정부가 관리하는 지역 외에 중국의 행정 사법관할권이 미치지 않는 조계지 두 곳이 설정되었다. 그중 하나는 프랑스 조계지였고, 다른 하나는 제국주의 열강들의 공동 조계지였다. 상해는 조계지가 설정됨으로써 제한적이나마 중국의 혁명 세력과 약소민족 혁명가들이 활동하는 공간이 되었다.

중국으로 망명한 많은 독립운동가들도 상해에서 활동하고 있었다. 상해에 도착한 김홍일은 먼저 여운형을 통해 중국군관학교로의 입교를 알아보았다. 당시 중국에는 각 지역의 군벌들이 경쟁적으로 군관학교를 설립하여 운영하고 있었다. 군관학교는 잃어버린 조국을 찾기 위해 중국으로 망명한 조선의 젊은이들이 찾아갈 수 있는 좋은 대상이었다. 중국 군벌들의 상쟁 기간 동안 많은 조선의 젊은이들이 보정保定, 절강浙江, 광동廣東, 사천四川, 남경南京, 낙양洛陽, 운남雲南, 귀주貴州 등지의 군관학교에 입학하여 군사학을 이수하였다. 김홍일도 다른 젊은이들과 마찬가지로 군관학교에서 군사학을 배우고 항일 전장에 나서고자 하였다.

그러나 군관학교 입교는 여의치 않았다. 여운형은 대신 대학 입학을 주선해 주었다. 이에 김홍일은 상해대학 입학 시험까지 보았으나 영어 실력이 부족하여 떨어지고 말았다. 이후 그는 다시 군관학교 입교를 알아보던 중에 지인의 소개를 통해 군관학교 인사와 접촉하게 되었다.

김홍일은 상해에서 군관학교로의 입교 방법을 찾으면서 반일단체인 구국단救國團에 자주 드나들었다. 구국단에서 발행하는 『구국일보救國日

報』에 조동호가 기자로 근무하고 있었기 때문이다. 여기에서 그는 구국단의 단장이면서 구국일보사 사장인 황개민黃介民이라는 인물과 알게 되었다. 황개민은 강한 반일 의식과 함께 한국의 독립운동에 동정심을 가지고 있었다. 10월 3일 개천절 기념식 만찬장에서 우연히 김홍일과 한 탁자에 앉게 된 황개민은 군관학교에 들어가려는 김홍일의 결의를 듣고 귀주 독군의 아들인 유강오劉剛吾를 소개해 주었다.

김홍일은 유강오를 통해 귀주육군강무학교에 입학할 수 있었다. 김홍일이 귀주로 떠나기 직전 황개민은 그에게 이름을 중국식으로 고칠 것을 권유하였다. 또한 아시아 전역에 걸쳐 조직망을 가지고 있던 국제적인 비밀결사인 흥아사興亞社에 가입할 것을 제안하였다. 흥아사의 취지가 아시아의 부활을 목표로 아시아 각 약소민족이 단합하여 자유와 독립을 찾자는 것이었기 때문에 김홍일은 흔쾌히 승낙하고 가입을 서약하였다. 그리고 중국식 이름인 왕웅王雄을 가지게 되었다. 이후 중국국민당군에서 활동하면서 김홍일의 공식 이름은 왕웅이 되었다.

김홍일은 1918년 11월에 상해를 떠나서 홍콩과 광동廣東을 거쳐 서안西安까지 가서 닷새를 걸어 귀주성의 성도인 귀양貴陽에 도착하자마자 곧바로 귀주 독군을 찾아갔다. 김홍일을 따뜻하게 맞아준 귀주 독군은 그가 귀주육군강무학교에 입학할 수 있도록 해 주었다.

귀주육군강무학교는 운남의 군벌 당계요가 1912년에 귀양貴陽을 점령하고 세운 군사학교이다. 귀주육군강무당을 전신으로 하기 때문에 귀주육군강무학교의 주요 간부 대부분이 운남육군강무학교 출신이었다. 1907년 곤명昆明에 세워진 운남강무학교는 교관의 대부분이 일본 육군사관학교 출신으로 교육과정 또한 일본 육군사관학교와 같았다. 교육 내용은 전술학, 축성학, 병기학, 지형학, 교통학, 마학馬學, 측회학側繪學 등의 학과 교육과 보병교련, 야외근무, 사격교범, 진중요무령 등의 훈련 교육으로 구성되었다. 이러한 운남강무학교의 교육과정을 통해 양성된 간부들 중 일부는 귀주육군강무학교의 교관으로 파견되었다. 이렇게 파견된 교관들이 귀주육군강무학교에서 실시한 교육은 운남강무학교와 유사했을 것이다.

김홍일이 귀주육군강무학교에 입교할 당시의 교육과정은 입오생入伍生 훈련과 사관 교육으로 이루어져 있었다. 입오생 훈련은 6개월 과정이었고, 사관 교육은 1년 과정이었다. 하지만 그가 귀양에 도착한 1918년 12월에는 입오생 훈련기간이 한 달도 채 남지 않았다. 따라서 김홍일에게는 입오생 과정을 거치지 않고 바로 독군서督軍署 후차候差로 발령을 받아 교육을 받을 수 있는 특혜가 주어졌다. 그에게 이러한 특혜가 주어진 것은 앞서 언급한 바와 같이 한중연대를 통해 가능해진 것이었다.

김홍일은 귀주육군강무학교에 입교하면서 상해에서 가지게 된 왕웅이라는 중국인 이름으로 활동하였다. 이는 군벌이 가명의 사용과 출신 지역 위장을 요구했기 때문이다. 김홍일은 가명과 함께 중국 동북지방 출신으로 위장해 입교하였고, 학교 당국의 묵인 속에 교육을 받을 수 있었다. 학교에서 김홍일이 조선 출신임을 알고 있던 사람들은 교장인 하응흠何應欽과 중대장, 하응흠의 동생으로 김홍일과 동급생인 하집오何輯五 이렇게 세 사람 뿐이었다. 이후 3·1운동으로 조선에 대한 인식이 좋아지게 되자 김홍일은 비로소 자신이 조선 출신임을 알릴 수 있었다.

김홍일은 귀주육군강무학교에 입학할 당시 중국어를 잘 구사하지 못했다. 이런 탓에 "차렷!"이라는 구령조차 알아듣지 못해 굉장히 어려운 처지에 놓였다. 이에 학교 측에서는 김홍일에게 조교를 배치하여 단독 교련을 받을 수 있도록 해 주었다. 김홍일은 부족한 어학 실력을 보충하는 데 전력을 기울였고 3개월이 지난 후에는 남의 도움을 받지 않고도 수업내용을 필기할 수 있는 능력을 갖추게 되었다. 온갖 어려움 속에서도 굴하지 않고 훈련에 몰입한 결과, 1919년 12월 30일에 1년여의 교육과정을 마치고 2백 명 중 15위라는 우수한 성적으로 졸업하였다.

이후 그는 곧바로 육군실시학교陸軍實施學校에 진학하였다. 육군실시학교는 병과별 교육을 실시하는 교육기관으로 특기별 군사기술을 가르치는 곳이었다. 이곳에서 김홍일은 산포병과山砲兵科에 들어가 포병장교 교육을 받았다. 그런데 김홍일이 육군실시학교의 포병과를 졸업할 무렵에 제2차 호법전쟁이 일어났다. 당시 북경정부의 단기서는 광동의 혁명정부 내의 군벌인 금춘훤苓春暄, 육영정陸榮廷 등과 결탁하여 남북통일정부를 선포함으로써 광동의 군정부가 해체되었다. 이에 혁명파는 다시 운남성雲南省으로 결집하여 반군벌의 제2차 호법전쟁을 일으키자, 귀주육군강무학교 출신과 교관단 일동이 모두 제2차 호법전쟁에 참가하였다. 김홍일 역시 기관총소대장으로 이 전쟁에 참여하였다. 그가 독립운동이 아닌 군벌 간 전쟁에 가담한 것은 당시 군벌의 군사교육기관에서 교육을 받을 수밖에 없었던 한인 청년들의 시대적인 한계 때문이었다.

전쟁이 끝난 후 김홍일이 활동하고 있던 귀주 지역에는 반군벌운동廢督運動과 연성자치운동聯省自治運動이 일어났다. 이로 인해 몇몇 지역의 군벌들은 실제로 해당 지역에서 쫓겨나기도 하였는데, 귀주 지역 또한 독군 유현세劉顯世가 귀주군사령관 왕문화王文華에 의해 추방되었다. 이러한 정세 변화는 김홍일이 귀주를 떠나게 되는 결정적인 계기로 작용하였다. 당시 여단사령부에 근무하고 있던 김홍일은 1920년 11월에 귀주를 떠났다. 그가 택한 행선지는 상해였다. 임시정부가 있는 상해로 가서 본격적인 독립운동을 펼쳐보고자 한 것이었다. 상해로 유학을 떠나는 하응흠 교장의 아들 하중염何仲炎과 귀주군총사령관 왕문화 장군의 아들 왕문언王文彦 등 일행 5명과 함께 완주浣州, 도원桃源, 동정호洞庭湖, 한구漢口, 무창武昌 등지를 거쳐 12월 20일 상해에 도착했다.

독립전쟁 준비에 여념이 없는 상해

김홍일이 도착했을 당시 상해에는 무장부대의 통합운동이 활발하게 벌어지고 있었다. 한인사회당의 총의장인 이동휘李東輝는 1919년 11월에 상해 임정의 국무총리에 취임하면서 무장투쟁에 기반한 임정의 전면적 재편을 요구하였다. 간도와 연해주의 무장부대들과 직간접적인 관계를 가지고 있던 이동휘는 임정을 통한 무장부대 통합에 힘을 기울였다. 이에 따라 서북간도의 무장부대를 임시정부 휘하에 통합시키기 위해 「국무원포고 1호」와 「군무부포고 1호」를 선포하여 서북간도의 청년들에게 독립군에 지원할 것을 요구하였다. 더불어 노령과 간도에 왕삼덕王三德, 안정근安定根, 조상섭趙尙燮을 대표로 파견하였다.

당시 임정에서 기관지인 『독립신문』을 통해 발표한 「군무원포고」의 내용은 다음과 같다.

충용한 대한의 남녀여 혈전의 시時, 광복의 추秋가 래來하엿도다 너도 나아가고 나도 나아갈지라 정의를 위爲하야 자유를 위하야 민족을 위하야 철과 혈로써 조국을 살닐 때가 이때가 안인가.

혼魂잇고 피잇는 대한의 남녀여 선조를 위하야 후손을 위하야, 무도한 왜적에게 학살을 당하는 너의 부모형제자매를 위하야 최후의 희생을 공供할 때가 이때가 안인가.

신성한 민족인 대한의 남녀여 사천여 년의 조국을 일조一朝에 도이島夷의 야심에 충充한 이래로 과거 십년간 가장 가혹한 압박을 수受하여도 가장 치욕恥辱된 고통을 당하여도 오직 혈누를 먹음고 구차苟且히 천명을 투생함은 피차 금일을 대함이 아닌가.

반만년 역사의 권위를 장仗하야, 이천만 민족의 의용을 합하야, 이십세기 금일의 시대적 요구에 응하야 인도를 부르며 나아갈 때에 무엇이 두려우며 무엇을 근심할가 네 압헤 독립이오 내 압헤 자유뿐이로다.

그런데 우리의 충용忠勇과 우리의 피와 우리의 신성神聖과 우리의 권위權威로서 나아가 전戰하랴면, 전戰하야 승勝하랴면 무기를 말하니보다 자금을 논하니보다 제일의 급무는 전투의 기초인 군인의 양성과 군대의 편성이라.

이것이 과연 우리의 정당한 요구요 필연한 사실이요 완전한 자각이라 하면 주저말고 고려말고 하로밧비 너도 나와 대한민국의 군인이 되며 나도 나가 대한민국의 군인이 되여 이천 만 남녀는 일 인까지 조직적으로 통일적으로 광복군되기를 서심단행誓心斷行할지어다.

대한민국 이년 일월 ○일

군무총장 노백린

이상과 같은 포고문의 반포와 함께 당시 상해에서는 임정을 실지實地 독립운동의 최고기관으로 개조하고 각자 자기의 힘이 미칠 지역에 흩어져서 독립운동을 해야 한다는 주장이 제기되고 있었다. 이를 위해 김규식은 모스크바 주재 외교문제에 주력하고, 신채호申采浩는 북경에서 역사편찬에 매진하며, 이동녕과 이시영은 만주에서, 이동휘는 시베리아에서, 안창호는 북미에서, 이승만은 하와이에서, 남형우南亨祐는 북경에서, 신규식은 광동에서 독립을 위한 활동을 전개하고, 노백린은 사관 장년층 양성에 자기 힘을 발휘하게 하고 상해에는 장년층이 연락원의 역할을 하는 방법으로 각처의 일을 종합적으로 지도하여 독립전쟁을 준비하자는 계획이 구체적으로 제시되었다. 또한 연해주와 북간도의 한인들 사이에서도 임시정부가 독립 전쟁을 준비하기 위해 상해에서 아무르주 또는 모스크바로 이전할 것이라는 설이 널리 유포되어 있었다.

한편, 코민테른은 제2차대회에서 「민족·식민지 문제에 관한 테제」를 통해 세계혁명을 위해서는 식민지와 반식민지의 민족운동을 적극 지원해야한다고 결정하였다. 물론 여기에는 시베리아에서 전개되고 있던 백군 및 제국주의 간섭군과의 전쟁을 위해서 동양의 피압박민족을 이용할 필요가 있다는 현실적인 요구도 작용하였다. 따라서 소련과 코민테른은 동아시아에서 조선, 중국, 몽고 및 일본의 혁명운동을 지원하는 동시에 내전에 참가할 국제군Интернация Отряд을 시베리아에서 편성할 것을 계획하였다.

이러한 상황에서 이동휘는 소비에트 정부와의 외교 교섭을 위해 한형권韓馨權을 임정 전권대사로 모스크바로 파견하였다. 한형권은 소비에트 정부의 지원을 받아 시베리아에 대규모 통합군단을 조직한다는 내용을 가진 '대일한로공수동맹對日韓露攻守同盟'을 체결하였다. 이에 따라 이동휘 등은 연해주와 간도 지역에서 활동하는 한인 무장부대들이 한편으로는 일본군의 추적을 피하고, 다른 한편으로는 무장부대 통합의 실현을 위해서 극동공화국의 자유시로 모여들도록 하는 사업을 전개하였다.

당시 김홍일은 귀주군총사령관貴州軍總司令官 왕문화王文華로부터 세계일주를 수행해 달라는 요청을 받고 있었다. 그러나 그는 임정 군무총장 노백린으로부터 원동혁명군 편성 계획과 독립군 및 지원자들을 모두 집결시키는 중이라는 얘기를 듣고 시베리아행을 결심하였다. 당시 김홍일이 노백린으로부터 들은 내용은 다음과 같다.

> 당시 만주 등지에서 활약하던 독립군들은 불행하게도 일본 토벌대에 쫓겨 흩어지다가 그 대부분은 노령으로 넘어갔는데 러시아 혁명정부에서는 이들을 받아들여 전보다 한층 더 강력한 병력이 되게시리 양성해 주겠다고 약속했다. 뿐만 아니라 당시 레닌이 구상한 소위 원동혁명군遠東革命軍의 주도세력으로서 인터내셔널 오트랴드(국제군)을 편성하는데 있어서 우선적으로 그들을 가담시키기로 약속이 되어 있다는 것이다. 레닌의 원동혁명군이란 장차 예상되는 대일전對日戰에 대처할 한, 중, 일, 몽골 등 혁

노백린

명적인 청년의 연합군을 뜻하는 것이다. 그는 지금 딴 곳에 흩어져 있는 독립군 및 그 지원자들을 모두 한곳으로 집결시키는 중인데, 자기와 이동휘 씨 등도 유럽을 경유하거나 혹은 몽골쪽 코스를 택하여 노령에 입국하겠다면서 나보고는 곧장 기차편으로 직행하는 게 어떻겠느냐고 권유한다.

– 김홍일, 『김홍일 회고록』

당시는 이미 북간도와 연해주의 무장부대들이 자유시에서 통합군단을 결성하기 위해 연해주로 몰려들고 있던 상황이었다. 조금도 시간을 지체할 수 없다고 생각한 김홍일은 1921년 3월 1일 상해에서 열린 3·1운동 2주년 기념 행사를 마치고 곧바로 만주를 향해 출발하였다. 군무부장 노백린은 그에게 여러 통의 소개장과 함께 일종의 지시사항을 전달했다. 그 내용은 만주까지 가는 길에 소개해 준 사람들을 만나거든 상해의 형편을 잘 알려주라는 것과 이번 국제군 창설을 위해 만주와 국내에서 최대한으로 지원병을 모집할 수 있도록 그들에게 준비를 시키라는 것, 그리고 혹시 가는 도중에 독립군을 만나거든 그들을 한곳에 모아 시베리아로 인솔하여 가라는 것 등이었다. 그는 중국인으로 변장하고 남경, 천진, 산해관을 넘어 봉천, 장춘 등을 거쳐 길림까지 왔다가 다시 돈화현敦化縣에 도착했다.

돈화현에서 북간도 국민회 회장이던 마진馬晋을 만난 김홍일은 마진으로부터 간도의 정황을 듣고 장백현長白縣에 아직 일부 독립군 부대가 남아있다는 사실을 전해 들었다. 그에게 남아 있는 독립군 부대를 이끌고 시베리아로 이동하는 임무가 주어졌다. 그는 마진이 소개해 준 젊은 안내인과 함께 울창한 고목으로 하늘을 뒤덮은 장백산맥의 원시림을 헤치고 군비단을 만나러 가게 되었다.

군비단 군사부와 함께 연해주로 가다

대한독립군비단

군비단의 정식 명칭은 대한독립군비단大韓獨立軍備團으로, 중국 장백현 지역에서 조직된 단체였다. 그러나 군비단의 결성 시기는 명확하지 않다. 자료에 따라 1919년 5월, 9월 9일, 11월 1일로 다양하게 기록되어 있다. 이 중 9월 9일설과 11월 1일설은 다르지 않다. 1919년 11월 1일은 음력으로 9월 9일이기 때문이다. 문제는 5월설인데, 이는 군비단장 이희삼李熙三의 이름으로 11월 17일에 발표된 「통첩通牒」에서 '설립된 지 6개월이 지났다'는 문구를 근거로 한 것이다. 그런데 이보다 앞선 10월에 발표된 「대한독립군비총단약장大韓獨立軍備總團約章」 1장 1조에는 '본단은 임시정부 국무총리 총재 각하의 명령으로 조직한다'라고 하여 군비단이 상해임시정부와 연계되어 있음을 명확히 하였다.

군비단 참가자였던 강우건 역시 시기에 차이는 있지만 군비단이 상해임시정부와 연락을 취하기 위해 이동백을 파견했다고 기록하였다. 이로 미루어 볼 때 1919년 초에 장백현 일대에서 조직되어 활동하던 독립군 부대가 상해임시정부와 연계를 갖고 그해 11월 1일(음력 9월 9일)에 군비단이라는 이름으로 정식 출범한 것으로 판단된다. 이를 확인할 수 있는 다른 자료를 보면 군비단 참가자였던 강상진은 군비단의 본래 명칭은 조선독립단이었는데, 이때 상해로 갔던 이동백이 돌아와서 임시정부의 지시에 따라 1920년 7월에 장백현 왕개골 동평덕이촌에서 총회를 열고 이름을 군비단으로 고쳤다고 회고하였다.

군비단은 조직 당시에 이희삼李熙三이 단장을 맡고 있었다. 군비단 조직에 참여한 이들은 자료에 따라 조금씩 차이가 나기는 하지만 대부분 함경도 출신으로 1910년 이후 만주 일대에서 활동하고 있었다. 강우건에 따르면 이들은 이전시기부터 철혈광복단에서 활동하던 이들과 3·1운동에 참가했던 인물들이라고 한다. 군비단은 중앙에 총무부, 이사부理事部, 군사부, 경호부, 문화부, 서무부, 교통부, 외무부를 두고 함경도 각 지방과 간도 일대에 지단支團을 두었다.

장백현 일대의 한인들로부터 모집한 의연금으로 활동하던 군비단은 군사행동을 위한 무기 구입에 노력을 기울이고 있었다. 군비단의 무기 구입 경로는 봉천奉天, 길림吉林 등지를 거쳐서 이루어졌으나 그 수량이 최소한의 요구에도 미치지 못했다. 그러던 중, 1919년 여름에 폭탄 4개와 단총 2자루를 가지고 장백현의 본부에 도착한 박춘근이 당시 내전이 벌어지고 있던 연해주에서 무기를 구입하는 것이 비교적 용이하다고 보고하였다. 이에 따라 군사부장 김찬을 위시하여 김덕은, 박춘근, 엄관호 등으로 구성된 일행이 무기를 구입하기 위해 1920년 4월(양력 5월)에 블라디보스토크로 떠났다.

그런데 박춘근은 당시 블라디보스토크에 조직되어 있던 소년모험단의 간부였다. 소년모험단은 홍파(이민환), 김운학, 박춘근, 김봉기, 김형식 등 블라디보스토크의 청년 18명이 무장투쟁 전개를 목적으로 조직한 비밀결사 단체였다. 김운학을 단장으로 하고, 홍파를 총무로 선정한 소년모험단은 조선, 중국, 러시아 각처에 세포를 조직하고 무기를 장만하기 위해 각 지방으로 떠나기로 결정하고 실행에 착수하였다. 이에 따라 단장 김운학은 당시 한인 노동자들이 많이 있던 오오츠크 금광으로 가고, 김형식과 박춘근은 서울로 파견되었다. 박춘근은 서울로 가던 도중에 장백현에서 군비단에 합류하여 군비단의 무기구매 사업을 연해주지방에서 할 것을 주장하였다.

이 때문에 블라디보스토크에서 군비단의 무기구매 사업은 소년모험단을 통해 이루어졌다. 그런데 소년모험단의 총무로 블라디보스토크에서 군비단의 무기구매 사업을 중개하고 있던 홍파는 무기 구입 바로 직전 상해로 가서 한인사회당과 연계를 가졌다. 그는 상해에서 이동휘 등 한인사회당 간부들과 협의한 후 모종의 임무를 띠고 블라디보스토크로 돌아왔다. 그 '임무'란 무엇이었을까? 그것은 아마도 연해주 일대에서 한인 빨치산부대를 조직하고, 이들을 통합하고자 하는 한인사회당의 계획이었을 것이다. 이에 따라 김찬과 박춘근은 군비단의 군사본부를 연해주로 옮길 것을 홍파와 협의하여 이만으로 이전할 것을 결정한 후에 이만까지 시찰하고 장백현으로 돌아갔다.

이들이 연해주에서 돌아온 후 군비단은 1920년 11월 15일(양력 1921년 1월 15일) 제2차 대회를 열고 군사본부를 연해주로 옮길 것을 결정하였다. 그리고 이전지대를 시찰할 목적으로 김탁, 이동백, 정태, 윤태형, 장만갑 등을 1차로 파견하고, 김덕은, 박춘근, 이영식 등을 2차로 연해주에 파견하였다. 이 대회에서 결정된 사항은 다음과 같다.

1. 남북만에 전선을 느리고 있던 각 단체는 일본군벌이 횡포 밑에서 사업상 진전이 마비되었고 조선 안에는 소위 '치안유지법'이란 것이 소생하여 투사들의 행동이 용이치 못한 이때에 사업의 방향을 소극점에 부착한다면 위마하고 말 것이다. 그러므로 우리는 사업의 발전지대를 혁명자의 대본영인 연해도로 정하고 의용청년들을 모집 긔송하여 혁명적 긔분과 전투적 학술을 교수하기로 하자.
2. 이 정책을 실행함에 있어서 무엇보다 금전이 요구되는 즉 의연금 모집과 모연금 징모에 힘을 다하자.
3. 내외지에 연락선을 튼튼히 하며 각 지단에 지령하여 군사 인격에 상당한 청년을 다수히 모집하자.
4. 군인을 기송함에 대하여 먼저 군사본부를 연해주에 이전하겠음에서 그 부 임원 전부를 중정하기로 하고 각 책임자를 아래와 같이 선거하다. 군사부장 김찬, 군무정 김덕은, 군사부원 김탁, 리순조, 향무국장 박동규, 무기국장 박춘근, 통신국장 리동백, 위생국장 강현춘.
5. 중앙긔관 부근에서 군사상 행정으로 군인 초모, 발송에 관한 사무는

경호부에 예속케 하자.

1920년 11월 15일(음력 – 필자 주)

군비단 단장 리희삼

서기 김탁

이후 군비단은 1921년 3월에 3·1운동 기념식을 거행한 다음, 윤동선을 소대장으로 한 33명이 연해주를 향해 1차로 떠났다. 군비단의 이동은 배영숙 중대장이 1921년 11월에 95명을 이끌고 장백현을 떠날 때까지 총 9회에 걸쳐 이루어졌다. 일 년에 약 500명이 이동한 것이었다. 파송부대를 이끌고 연해주로 온 강상진이 정리한 이동부대와 영솔자는 35쪽의 〈표〉와 같다.

이들이 연해주로 이동하던 때는 간도에서 일본군이 경신참변을 일으켜 독립군의 활동이 힘들어지던 시기였다. 간도의 한인사회도 일본군의 약탈로 인해 어려운 지경에 처해 있었다. 군비단의 연해주 이동 역시 힘들게 전개되었다. 이들은 일본군의 추격을 피해야 했으며, 중국 마적의 습격에도 대비해야 했다.

〈표〉 연해주로 이동해온 군비단의 현황

회차	영솔자	인원	비고
1회	윤동선	33	장백 발송으로만 왔음
2회	강상진	36	연후 70명으로 증원함
3회	조경호	48	되골령 마적전으로 인해 영솔자 사망. 재조직하여 왔음
4회	김동명	45	장백 발송 표준으로만
5회	김일수	56	군사부, 위생부 등과 함께 왔음
6회	박춘욱	33	장백 발송으로만 왔음
7회	김기태 김풍수	33 33	장백 발송으로만 왔음
8회	임병극 승명신 윤태호	75 40 35	추풍, 록동 추격전에 참가함
9회	배영숙 조덕진 이영신	95 33 33	이만 부근에서 배영숙과 이현의 탈주로 궤산됨

군비단 군사부를 이끌다

김홍일이 군비단에 합류한 시기는 제5회차 병력이 연해주로 이동할 때였다. 이때는 군비단 군사부의 임시사령관이었던 임표도 동행하였다. 김홍일이 바라본 군비단의 상황은 열악하고 초라한 모습이었다. 이에 대해 김홍일은 다음과 같이 표현하였다.

각설하고 내가 찾아갔던 그 군비단 부대에 장교라고는 겨우 사령관인 임표 씨와 신흥무관학교 출신인 조경호, 이렇게 단 두 사람뿐이었다. 장병의 수도 총 255명 정도였는데, 그중에서도 단 50명만이 독립군 출신이라 전쟁 경험이 있었고 나머지 대원은 그냥 함경도 개마고원에 자리잡고 있는 산간벽지인 삼수三水, 갑산甲山에서 모집한 신병들인 탓으로 전쟁 경험은 물론 제대로 군사훈련도 받지 못한 자들이었다. 게다가 부대의 장비라는 것도 겨우 일제 소총 21정에 권총 3자루, 그리고 수류탄이 그저 두어 개 있을 뿐이었다. 그야말로 맨주먹의 부대였다. 그리고 복장 또한 다 낡은 한복 차림 그대로여서 초라하기 짝이 없어 한심한 상태였다. 그러나 부대원들의 정신만은 왕성하였다.

이러한 군비단 앞에 군관학교 출신인 김홍일이 나타난 것이었다. 군비단은 마치 구세주라도 만난 것처럼 그를 반겼다. 임표는 부대의 인솔을 김홍일에게 의뢰하였다. 군사학과 훈련을 체계적으로 배운 장교이니만큼 부대를 통솔해달라는 것이었다. 김홍일은 승낙하지 않을 수 없었다. 그러나 장비도 허술한 데다가 훈련도 제대로 받지 못한 신병들을 이끌고 험준한 산령을 헤치고 장장 2,000여 리의 장도壯途에 오른다는 것은 쉽지 않은 일이었다.

또한, 당시는 독립군 토벌을 위해 일본군의 병력이 곳곳에 잔류하여 진을 치고 있었으며, 일본군의 세력이 미치지 못하는 지역에 자리잡고 있는 중국군도 일본군 출병의 구실이 된 독립군에게 호의적이지 않았다. 또한 독립군의 무기와 군자금을 노리고 덤벼드는 토비土匪도 곳곳에서 호시탐탐 독립군을 노리고 있었다. 주요 지대에는 일본군이 있었고,

큰 길에는 중국군이 있었으며, 험한 길에는 토비 등이 있었다. 군비단은 이런 사면초가의 난관을 뚫고 나가야만 했다.

김홍일이 이끄는 군비단 군사부는 마침내 4월 5일에 이만을 향해 출발했다. 봄이 왔지만 날씨는 아직도 쌀쌀했다. 또한 낮을 피해 밤길을 걸어야만 해서 훈련을 제대로 받지 못한 병사들에게는 힘겨운 일정이었다. 김홍일은 출발한 지 3일째 되던 4월 8일에 일본군과의 첫 전투를 지휘하였다. 부대가 이동하는 길목인 천보산天寶山에 은광이 있는데, 그 은광에 일본군 수비병 50여 명이 진을 치고 있었던 것이다. 김홍일은 첨병을 이끌고 은광에 도착하여 소총수들을 근처 산언덕에 배치하였다. 그런데 부대원들을 밤 11시까지 모두 다 무사통과시켰을 무렵에 이를 발견한 일본군들이 사격을 하며 추격을 해왔다. 유리한 지형을 차지한 군비단은 일본군에게 사정없이 총탄을 퍼부었다. 약 2시간에 걸친 총격전 끝에 일본군을 격퇴했다. 김홍일은 달아나는 일본군을 추격하여 모조리 섬멸하고 싶었지만, 부대를 안전하게 연해주로 이송해야만 했기 때문에 재빨리 그곳을 떠났다.

전투를 끝낸 후 곧바로 행군하여 새벽녘에 은광으로부터 70리 가량 떨어진 명월구明月溝에 도착하였다. 부대는 마을 근처 산골짜기에 숨어 노숙하면서 동네 아낙네들이 지어주는 밥을 먹었다. 그런데 명월구에 있는 어느 마을에서는 장정이라곤 그림자도 찾아볼 수가 없었다. 사정을 들어 보니, 일본군 토벌대가 수시로 들어와 청년들을 몰살시키고 여자는 닥치는 대로 욕을 보였다고 하였다. 이러한 사정은 명월구만의 일이 아니었다. 김홍일이 부대를 이끌고 지나가는 길에서 본 한인마을의 정경은 더욱 비참하였다. 이러한 정경에 김홍일은 분하고 원통한 마음을 금할 수 없었다.

그중에서도 가장 가슴 아팠던 것은 유수하柳樹河라는 마을에서 일어난 일이었다. 이곳은 다행히도 청년들이 일찍 피신했기 때문에 다른 마을에 비해 피해가 적었다. 그런데 유수하에 들이닥친 일본군 중대장은 마을에 발을 들여놓자마자 그곳에 사는 여자들을 모조리 잡아들였다. 그 다음엔 여자들의 시아버지와 친아버지 할 것 없이 노인들을 모두 잡아다가 같은 방에 가두어 놓고 일본인 장교들은 술상을 벌였다. 그리고 여자들을 기생 다루듯 하면서 강제로 술을 따르게 하는 등 목불인견의 행패를 부렸다. 일본군 장교들은 술이 거나해지자 제각기 노래를 부르며 떠들다가 그들의 인원수대로 여자를 남겨 놓고 나머지 여자들은 병사들에게 나누어 주었다. 그리고 노인들을 문 밖에 세워둔 채 모두가 보는 가운데서 강간을 자행하는 짐승만도 못한 만행을 저질렀다.

그들은 이렇듯 천인공노할 만행을 친족 어른들이 보는 앞에서 저질러 놓고 유유히 철수하였다. 이러한 참상을 겪은 여자들은 욕된 한을 풀기 위하여 더러는 목매어 죽고, 더러는 우물에 빠져 죽고자 하였다. 그때 당황한 동네 노인들이 전부 나서서 자기 딸과 며느리 앞에 나아가 절을 하면서 애원하였다. 김홍일은 당시 상황을 다음과 같이 회고하였다.

> "너희들은 사람의 힘으로 어떻게도 할 수 없는 만부득이한 상황에 놓여 있었다. 너희들에겐 아무런 잘못도 없을뿐더러 부득이한 사정하에서 일시적으로 몸을 더럽히긴 했지만 그로 말미암아 우리 마을 사람의 생명과

재산을 지켰으니, 너희들은 우리 마을의 은인이나 다름없다."

그리하여 유수하의 여자들은 어른들의 간청에 의하여 죽음을 단념하고 다시 삶의 터전을 이룩하게 되었다. 가장 피해가 적은 마을의 실정이 이렇듯이 처참했으니 딴 곳의 형편에 대해서는 더 말할 나위 없었다.

군비단 부대는 이러한 비참한 정경을 뒤로 한 채 이만으로 향했다. 명월구를 지나 북간도와 중동선中東線 사이에 있는 노야령老爺嶺을 넘고 영안현과 목단강을 지나 목릉에서 닷새간 휴식을 취했다. 이후 밀산을 거쳐 우수리강의 중국 측 연안인 호림虎林에서 강을 건너 이만에 도착한 것은 출발한 지 35일이 지난 5월 10일이었다. 김홍일이 이끈 군비단 군사부는 다행히 한 명의 낙오자도 없었으며, 오히려 행군 도중에 다른 독립군 부대에서 낙오되었던 낙오병과 여러 마을에서 부대에 지원한 청년들을 합쳐 57명이나 늘어났다. 군비단 군사부가 이만에 도착했을 때 부대의 인원은 312명에 달했다.

군비단은 이만에서 각각 촌락에 3개 중대로 나뉘어 집집마다 두세 사람씩 숙식하고 낮에는 학교 운동장에 모여 훈련을 하였다. 부대를 위해 그곳 동포들은 정성을 다해 술과 떡, 고기를 만들었다. 간난을 헤치고 이만으로 옮겨온 군비단 군사부 부대원들은 동포들의 융숭한 대접에 감동할 수밖에 없었다.

군비단 군사부를 이만에 주둔시키다

밀산에서 호림을 거쳐 이만으로 넘어오는 경로는 이미 그들보다 6개월 전에 도착했던 많은 독립군 부대가 거쳐간 길이었다. 이들이 도착했던 당시의 이만은 소비에트 적군과 백군 사이의 접경지대로, 소비에트 적군의 관할하에 있었다. 1921년 초에 연해주와 간도에서 모여든 한인 무장부대들은 이만을 거쳐 자유시로 이동했다.

1920년 말부터 1921년 초에 걸쳐 간도에서 연해주 이만으로 옮겨 온 독립군 부대의 최종 목적지는 아무르주 자유시였다. 이에 따라 이들을 자유시로 이동시키기 위한 작전이 개시되었다. 이미 러시아공산당 극동국 한인부와 극동공화국 인민혁명군 사이에 긴밀한 협조관계가 이루어져 있었다. 한인부의 거듭된 요청에 따라 러시아 제2아무르군 사령관은 1921년 1월 3일에 각 관할구역 책임자들에게 한인무장부대들을 깊숙한 후방으로 이동시키기 위한 열차를 준비하라고 명령했다. 이만에 집결한 독립군 부대들은 제2아무르군이 준비한 열차를 타고 시베리아 횡단철도를 따라 자유시로 이동하기 시작했다. 이때 처음으로 이동한 부대는 1920년 12월경에 밀산을 거쳐 이만으로 이동해온 안무의 국민회군, 최진동의 독군부 군대, 허재욱이 지휘하던 의군부 군대였다.

이후 홍범도의 대한독립군과 김좌진金佐鎭의 북로군정서가 이만으로 넘어왔다. 그런데 극동공화국 인민혁명군은 외교상의 이유와 치안유지를 위해 독립군의 무장을 해제하고자 하였다. 일단 무장을 해제하고, 자유시로 옮겨가서 무기를 되돌려준다는 것이었다. 이 과정에서 무장부대

통합을 위해서는 무장을 해제하고서라도 자유시로 옮겨가야 한다고 생각했던 이들은 자유시로 갔다. 그러나 결코 무장해제를 할 수 없다고 주장했던 이들은 다시 간도로 돌아가게 되었다. 북로군정서의 서일徐一과 김좌진은 무장해제를 반대하고 간도로 돌아갔으며, 그들이 떠난 북로군정서는 박두희朴杜熙가 이끌고 홍범도 부대에 편입되어 자유시로 이동했다. 자유시로 이동한 부대들은 이만에서 벗어 주었던 무기를 다시 돌려받았다.

군비단 역시 이만에서 전열을 정비하고 자유시로 가는 것이 애초의 계획이었다. 초기에 이만에 도착했던 군비단 부대는 김덕보와 박공세 등이 인솔하고 제1이만군대로 편성되어 자유시로 출발하였다.

그러나 자유시에서 무장부대의 주도권을 두고 다툼이 벌어지고 있던 당시의 상황 때문에 군비단의 계획은 수정되었다. 자유시로 이동하려는 군비단을 제지한 것은 당시 프리아무르주 한인공산당연합회 회장을 맡고 있던 박영朴英이었다. 북간도 군무도독부 참모장으로 봉오동전투에도 참가했던 박영은 연해주로 옮겨온 후 프리아무르주 한인공산당 서기를 거쳐 회장이 되어 간도와 연해주로부터 온 독립군 부대들을 자유시로 이동시키는 책임을 맡고 있었다. 그런 그가 군비단의 자유시행을 가로막은 것이었다. 결국 김홍일은 단독으로 자유시에 가서 직접 상황을 살펴보았다.

이만에서 하바롭스크를 거쳐 자유시에 이르는 과정은 쉽지 않았다. 내전의 피해가 막심하여 기차 연료가 되는 장작이 제대로 준비되어 있지 않았기 때문이다. 따라서 열차시간이라는 것이 따로 있을 수도 없었

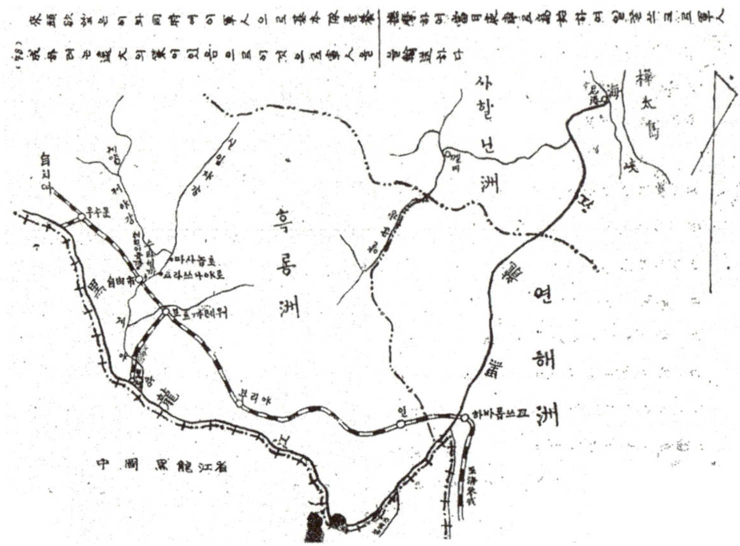

자유시사변이 발생한 시베리아 일대 지도

다. 아무 때고 그저 출발하는 것이 기차 시간이요, 아무 때고 그저 도착하는 것이 기차 시간이었다. 김홍일이 이렇듯 험난한 과정을 거쳐 자유시에 도착한 것은 출발한 지 2주만인 6월 2일이었다.

당시 자유시의 분위기는 험악해질 대로 험악해져 있었다. 김홍일은 상해에서 노백린이 소개해 준 유동열柳東悅을 만나 노백린과 이동휘의 말을 전하고 이만에 집결한 군비단 군사부를 자유시로 이동시켜 줄 것을 의뢰하였다. 당시 유동열은 코민테른 원동비서부에서 조직한 고려혁명군정의회의 군정위원 3명 중의 한 사람이었다. 그러나 유동열은 앞으로 사태가 어떻게 진행될지 전망할 수 없기 때문에, 사정이 호전되는 대로 곧 연락을 취할테니 그때까지 이만에서 대기하고 있으라고 하였다. 이에 김홍일은 쓸쓸히 이만으로 돌아올 수밖에 없었다.

그리고 6월 28일에 비극적 사건인 자유시사변이 발생했다. 이로 인해 자유시에서 항일대군단을 조직하고자 하는 시도는 실패로 끝났다. 자유시사변의 비보를 듣고 설움과 비분에 눈물을 흘리던 군비단 군사부는 이만에 남아 소비에트 적군과 연결하여 백군 및 일본군과 싸우기로 결정했다. 군비단 군사부는 군대를 신농평, 와구통, 싸인발 등 이만 부근 한인마을에 나누어 주둔시키고 이만한인회의 도움을 받아 소비에트 적군과 교섭을 벌였다.

이만의 군비단 군사부는 1921년 7월 13일에 제3회 회의를 열고 군비단의 명의를 고려혁명의용군으로 고치고 소비에트 적군과 보조를 같이 할 것을 결정하였다. 여기에는 간도로부터 넘어온 군비단원들 뿐 아니라 이전부터 이만에 자리잡고 있던 한인들인 마용하(마진), 서상룡, 맹준건, 유세홍, 김하경, 정희연, 김공률, 이병희, 강재관, 박준일 등도 참가했으며, 이만 부근 한인마을에서는 군인이 모집되었다.

한편 군대 안에는 공산주의 야체이카가 조직되었다. 여기에는 당시 프리아무르주 고려당 책임비서인 박영의 선전 활동이 큰 역할을 했다. 임표, 박인두, 서상룡, 김덕은이 정당원으로 가입했고, 김찬, 마용하, 박동규, 김탁, 박춘근, 박춘욱, 김희열, 임응도 등이 후보당원이 되었다. 이는 민족주의를 기반으로 한 군비단이 연해주로 이동하여 소비에트 적군과 관계를 맺으면서 사회주의적 군대로 변화했음을 뜻한다. 이는 간도로부터 러시아령 연해주로 이동해 온 독립군 부대들의 거부할 수 없는 운명이었다. 연해주에서 일본군과 그들의 후원을 받는 백군에 대항해서 싸우기 위해서는 부대 자체를 사회주의적으로 변화시켜야만 했다.

군비단이 다른 민족주의적 독립군 부대보다 더 쉽게 사회주의를 수용할 수 있었던 이유는 부대 지도자들이 일찍부터 복벽주의를 벗어나 민주공화주의를 추구한 것과 한인사회당과의 긴밀한 관계 속에서 연해주로 이동해 왔던 것에 기인한다. 그보다 더 중요한 점은 부대가 이동하여 주둔한 이만 지역의 한인사회에 이미 사회주의적 기초가 확립되어 있었다는 데 있었다. 소비에트 적군이 1920년 초에 이만을 점령한 이후 이만에는 프리아무르주공산당연합회 산하에 이만한인공산당지방회가 성립되어 있었다. 이 지방회의 노력으로 군비단은 이만 지역 한인마을에서 식량과 피복은 물론이고 부대원들도 공급받을 수 있었다. 이러한 물적, 인적 공급과 더불어 이만지방의 한인사회는 군비단에 사회주의적 의식이 자리 잡게 하는 기반이 되었다.

대한의용군사의회와 대한의용군

대한의용군을 결성하다

이 무렵 자유시사변 당시 무장해제를 피하여 도주한 군인들 가운데 100여 명이 연해주 이만으로 집결하였다. 그중에는 김규면, 장기영, 이용, 한운용, 임상춘 등 옛 한인사회당 계열 인사들이 포함되어 있었다. 이들이 이만으로 집결했던 이유는 무엇일까?

첫째로는 행동이 비교적 자유로웠기 때문이다. 이만은 당시 극동공화국과 백군 정부의 분계선 지대로 러시아공산당이나 코민테른의 힘이 비교적 덜 미치는 곳이었다. 당시 옛 한인사회당 계열 인사들은 자유시에 있던 고려혁명군의 입장에서 보면 탈영병이었다. 그렇기 때문에 이들은 고려혁명군과 코민테른 극동비서부의 시야를 벗어날 필요가 있었다. 여기에 적합한 곳이 전선이 형성되어 있던 이만이었다.

시베리아에 출병한 일본군의 열병 모습(블라디보스토크, 1918)

둘째로는 이만에서 강 하나만 건너면 일본군 최후의 거점 지역이었던 까닭에 일본군과의 전투를 적극적으로 전개하기에 유리한 위치였다는 점이 고려되었다. 일본군은 이만 바로 아래 지역인 스파스크에 주둔하고 있었다. 즉 이만은 적군과 백군의 완충지대임과 동시에 일본군에 맞서는 최전선이었다. 따라서 자유시에서 도망쳐 와 새롭게 일본군에 대항하는 무장부대를 조직하고자 했던 옛 한인사회당 계열 인사들로서는 이만으로 집결할 수밖에 없었다.

셋째로는 이만이 러시아 극동 연해주지방 교통의 요충지로서 수찬 및 수이푼 지역과 연락하기에 용이한 곳이었다는 점 또한 중요한 요소였다. 앞서 살펴보았듯이 연해주의 많은 빨치산 부대들이 자유시로 떠난 후에도 수찬과 수이푼 지역에는 강력한 빨치산 부대들이 여전히 남아 있었고, 그 안에는 옛 신민단원들이 중심적 지위를 차지하고 있었다. 이 때문에 다시 연해주로 돌아온 한인사회당 계열 인사들로서는 자신들의 옛 동지들과 연락을 쉽게 취할 수 있는 위치가 필요했다. 이들은 수찬 지역 빨치산들과 연락하기 위해 박춘근과 류홍기를 1921년 9월 20일에 뜨레찌이-푸진으로 파견했으며, 수이푼 지역 솔밭관으로는 이용호가 왕래했다.

마지막으로 가장 현실적인 이유는 임표와 김홍일 등이 이끌고 있던 군비단이 이만에 주둔하고 있었기 때문이다. 당시 고려혁명의용군으로 개편한 군비단 군사부는 사관양성을 위해 중국령에 있던 김좌진, 이범석 등 옛 군정서 지도자들과 교섭을 벌이고 있었다. 이전 독립군계에서 지명도가 있던 군사인물들을 초청하여 사관양성사업을 맡아달라고 요청했던 것이다. 그러나 김좌진 측에서는 자신들에게 군비단 전권을 넘겨주어야 사관양성사업에 착수하겠다고 제의했다. 군비단 군사부에서는 장교단과 연석회의를 열고 토의를 벌였다. 그러나 연석회의에서는 김좌진 등의 요구를 거절했고, 그들은 중국령으로 돌아갔다. 이러던 차에 이용, 한운용, 임상춘 등 군사지도자들이 이만에 나타난 것이었다. 이들은 사관양성사업을 맡아달라는 군비단 군사부의 요청을 아무 조건 없이 선뜻 받아들였다.

그리하여 자유시에서 이동해 온 상해파 인사들과 고려혁명의용군 간부들은 1921년 9월 15일에 이만 와구통촌에서 대회를 열고 고려의용군사의회를 재편했다. 재편된 고려의용군사의회는 비서부, 사령부, 재

대한의용군 사령관 이용(가운데)

무부, 문화부, 서무부, 외교부를 두고, 연변延邊에서 대한국민회大韓國民會에 가입하여 대한국민회 남부지방 회장으로 활동하던 간도 지역의 저명한 독립운동가인 마용하를 위원장으로 정했다. 그리고 위원으로 임표, 이용, 김찬, 김덕은, 최중천, 강재관, 박춘근, 윤동선을 선정했다.

그런데 일본 정보문서는 군사의회의 위원장을 김규면으로 파악하였다. 여기에는 군사의회가 예전 자유시에서 조직되었던 전한군사위원회全韓軍事委員會의 재건이라는 일본 정보당국의 인식을 보여주는 것이라 하겠다. 그러나 설립 당시 고려의용군사의회의 위원장은 김규면이 아니라 마용하였음이 분명해 보인다. 김규면은 회고록에서 자신은 "쁘리아물주 '군정의회' 전권위원으로 겸 고려빨치산군사회위원장의 일홈을 가지고 원동쁘리아물주 '군정의회'의 지도에 따라 고려빨치산군대를 지도했다"고 하였다. 이로 미루어볼 때 재편된 고려의용군사의회의 위원장은 마용하가 맡은 상태에서 김규면은 소비에트 당국과의 교섭을 담당하여 군사업무에 집중한 것으로 보인다. 즉 상해파 인사들은 정치조직으로서의 기능을 담당하는 고려의용군사의회는 기존의 인물들에게 맡기고, 고려의용군사의회의 가장 주된 활동인 무장부대 조직에 힘을 쏟았다.

이에 따라 고려의용군사의회의 사령관에는 이용이 선정되었다. 이용은 고려의용군사의회 산하에 1개 대대로 편성된 대한의용군을 조직했으며, 사관양성을 위해 사관학교를 설립하여 자신이 교장을 겸임하였다. 이 사관학교는 한운용과 김홍일이 교관으로 있었고, 6개월 과정으로 약 50명의 생도가 교육을 받았다. 당시 교재는 김홍일이 가지고 있던 중국 군관학교 교재들을 직접 한글로 옮겨서 만들었다. 이를 기반으로 대한의용군은 3개 중대로 편성되었다.

사령관에는 이용, 1중대장 겸 참모로 임표, 2중대장에 한운용, 3중대장에 김홍일이 임명되었다. 김홍일은 자신이 2중대장이었다고 회고하지만, 김홍일의 회고를 제외한 대부분의 자료에는 2중대장이 한운용이고, 김홍일은 3중대장으로 기록되어 있다. 소대장은 김동명, 이빈, 강신우, 박홍, 마춘걸, 마건, 이성춘, 오동명 등이었으며 병력은 357명이었다. 이렇게 재편된 대한의용군은 극동공화국 인민혁명군과 연합하여 1921년 12월 초에 일어난 이만전투를 시작으로 연해주해방전쟁에 투입되어 활약하였다.

여기서 알 수 있는 것은 자유시로부터 이동해온 한인사회당계 인사들이 전한군사위원회를 재건하여 대한의용군을 조직했다고는 하지만 사실 대한의용군은 군비단 군사부를 확장하고 재편성한 것이었다. 최호림이 "군비단은 1921년 8월에 자발적으로 빨치산 군사 소비에트를 조직했다"고 한 것은 바로 이를 두고 말한 것이었다. 이때부터 군비단은 대한의용군, 또는 고려혁명의용군으로 명칭을 바꾸었다. 그러나 그 이후에도 의용군이라는 이름보다는 군비단이라는 이름으로 더 많이 불렸다.

한인사회당 계열 인사들이 연해주에서 전한군사위원회를 재건하여 대한의용군을 조직할 때 군비단을 선택한 것은 무엇보다도 이전부터 한인사회당과 군비단이 연관을 맺어왔다는 데서 비롯하였다. 애초에 군비단이 이만으로 옮겨오는 데 큰 역할을 한 것은 블라디보스토크에서 소년모험단을 조직하고 있던 홍파였다. 홍파는 한인사회당과 밀접한 관계를 맺고 있었다. 그의 노력으로 군비단의 연해주 이전이 계획되고 추진되었던 것이다. 따라서 군비단은 애초에 자유시로 옮겨 가고자 했으나, 그들이 이만에 도착했을 당시의 자유시 사정이 군비단을 이만에 눌러앉게 했다. 한인사회당과 관계를 맺고 있던 연해주 한인 빨치산 부대들은 신민단 부대의 일부를 제외하고 대부분 자유시로 이동하였기 때문에 연해주에 남은 빨치산 부대 중 그나마 한인사회당과 가장 깊은 관계를 가진 부대가 군비단이었다.

한인사회당 계열 인사들의 입장에서도 군비단이 이만에 눌러앉은 것은 행운이었다. 왜냐하면 자유시에서 통합된 한인무장부대를 조직하려고 했던 계획이 실패로 돌아갔지만, 군비단 덕분에 전열을 쉽게 복구할 수 있었기 때문이다. 한인사회당 계열 인사들은 군비단을 기반으로 다시 한 번 연해주 지역 한인 빨치산 부대들의 조직과 통합을 시도하였다. 그러나 그 방식은 이전에 자유시에서 시도했던 방식과는 달랐다. 즉 그들은 단일한 지휘권 아래에서 수직적으로 편성되는 통합이 아닌 개별부대의 연합체적 형식의 통합을 꾀하게 되었다. 이는 자유시에서 시도한 통합운동이 통합된 부대의 통수권을 둘러싼 갈등으로부터 야기되어 실패했다는 자기반성에 따른 것이었다.

그런데 전한군사위원회가 군비단을 중심으로 대한의용군을 조직했다는 것은 전한군사위원회가 연해주에 있는 한인 빨치산 부대에 지도권을 행사하려는 시도를 포기했음을 반증하는 것이었다. 만일 전체 빨치산부대에 지도권을 행사할 요량이었다면 모든 부대를 통합하여 대한의용군을 조직하거나, 적어도 군비단을 중심으로 다른 부대와의 통합운동을 벌여야 했다. 그러나 군비단이 중심이 된 대한의용군은 굳이 다른 빨치산 부대와의 통합을 추구하지 않았다. 단지 사안별로 연합작전을 전개하는 선에서 다른 부대와 관계를 맺었다. 각 부대의 자율권을 최대한 인정해 줌으로써 통수권을 둘러싼 분쟁을 방지하려고 했던 것으로 보인다. 이는 부대의 탄력적인 운용에 아주 적절했다.

강력한 지도권 아래 움직이지 않았기 때문에 대한의용군은 사안별로 다른 한인 빨치산 부대 또는 소비에트 적군과 연합작전을 전개할 수 있었다. 이러한 이유로 군비단은 이후 원동해방전쟁에서 원동공화국 인민혁명군과 함께 최후의 승리를 얻어내는 데 혁혁한 공을 세우게 되었다.

그러나 이러한 탄력적인 부대 운용은 얼마 있지 않아 대한의용군에게 불리하게 작용하였다. 즉 이후 전체 연해주의 빨치산 부대를 통합하려는 움직임이 일어났을 때 대한의용군은 그 움직임으로부터 소외당한 것이었다. 1922년 8월에 연해주 고려혁명군이 조직되고 연해주 한인 빨치산 부대의 혁명군사소비에트가 설립되어 전체 연해주의 한인 빨치산 부대에 지도권을 행사하려고 할 때, 대한의용군은 주도적인 위치에 서지 못했을 뿐 아니라 오히려 지도부 내에서 배제되는 상황을 맞이하였다.

하바롭스크 인근에서 일본군과 전투를 벌이다

대한의용군의 조직이 진행되던 9월경 하바롭스크에 주재하고 있던 프리아무르주한인공산당연합회 회장 박영이 이만에 방문하였다. 그의 손에는 한인부대의 도움을 요청하는 아무르강 함대사령관의 청탁서가 들려 있었다. 니항사변을 구실로 출병하여 니콜라옙스크나아무레尼港에 주둔하고 있는 일본군의 동태를 파악하는 데 힘을 빌려달라는 것이었다.

당시 일본군은 군함 수 척과 육군 약 1개 여단이 니콜라옙스크나아무레를 점령하고 있었다. 그런데 적군사령부에서는 일본군의 병력과 철수 시점에 대한 정보를 전혀 알 수 없었다. 적군赤軍 중에는 일어에 능통한 사람이 전혀 없었기 때문이다. 옛 사할린 부대원들이 포함된 대한의용군의 병사들 중에는 니콜라옙스크 주변의 지형을 잘 알고 일본어에 능통한 사람이 많다는 것을 알게 된 아무르강 함대사령부에서 도와달라고 요청을 한 것이었다.

이에 대한의용군은 곧바로 김홍일을 파견 대장으로 선정하고, 그로 하여금 사할린 부대 출신 병사 20여 명을 인솔하게 하여 하바롭스크로 파송하였다. 김홍일의 회고에 따르면, 파견대가 적군의 기선을 타고 아무르강 하류로 가니 그곳에는 일본군의 군용 전화를 도청할 수 있는 시설이 완비되어 있었다. 김홍일은 이를 통해 일본군사령부에서 지시하는 일일명령과 보고를 전부 듣고 일본군의 병력과 배치 상황 등을 알아내어 적군함대사령부에 알려주었다. 당시 김홍일이 알아낸 정보는 일본군의 총 병력이 포함 2척에 운송선 2척, 보병 1개 연대 외에 기병과 포병

니항사변으로 니콜라옙스크나아무레에 주둔한 일본군

약간이며, 그들은 이번 겨울 결빙이 되기 전에 철수한다는 것이었다. 적군함대사령부에서는 파견부대의 공을 치하하고 최대의 성찬을 차려 대접하였다. 이것으로 파견부대의 실제 임무는 종료되었다.

그러나 부대원들은 그냥 돌아서고 싶지 않았다. 바로 눈앞에 일본군의 초소가 있었기 때문이다. 당시 김홍일이 인솔한 사할린 부대 출신 병사들은 니항사변에 직접 참가했던 경험을 가지고 있었기 때문에 일본군 부대를 보고 발길이 떨어지지 않는다고 하였다. 이에 김홍일은 묘안을 짜냈다. 그는 함장을 찾아가 도청한 정보만으로는 부족하니 일본군 초소를 습격하여 서류를 입수해 오는 것이 어떻겠느냐고 제안하여 승낙을 얻어냈다. 함장은 김홍일이 요구한 권총과 수류탄 등을 보급해 주었다.

김홍일과 부대원은 9월 23일 밤에 데카스트리와 마린스코 사이에 있는 일본군 초소를 습격하였다. 김홍일은 부대원을 각각 10명씩 2개 분대로 나누고 인근 마을에서 구해온 말을 타고 일본군의 초소로 접근하였다. 약 300m 전방 언덕 아래까지 접근한 후 말에서 내려 6명은 말을 보게 하고 14명이 나무숲 사이로 접근하였다. 그때 김홍일의 시야에 일본군 보초 두 명이 서 있는 것이 보였다. 순간 부대원 4명이 번개같이 달려들어 두 보초를 단숨에 잡아 눕히고 나머지 부대원들은 일제히 수류탄을 초소 안으로 던져 넣었다.

연발하는 폭음과 함께 초소는 삽시간에 폭파되고 일본군 초병 12명이 한꺼번에 몰살되었다. 대한의용군 병사들은 초소 일지를 습득하여 개선하였다. 함상의 적군도 개선을 열렬히 환영해주었다. 그들은 대한의용군의 용기에 감탄하였다. 이는 김홍일이 실제로 일본군과 벌인 두 번째 전투였다. 김홍일과 대한의용군 병사들은 10여 일간의 원정을 마치고 이만으로 귀환하였다.

원동해방전쟁에 참여하다

원동해방전쟁의 첫 전투, 이만전투

군비단이 대한의용군으로 재편되어 이만에 주둔하고 있을 무렵에 이만 남쪽 스파스크에 주둔하고 있던 일본군과 백군은 하바롭스크를 향해 북쪽으로 대대적인 공세를 시작했다. 첫 공격 지점은 이만이었다. 원동공화국 인민혁명군 제6연대장 쎄리세프S. serisev는 전군에 동원령을 발포함과 동시에 대한의용군에게도 합류할 것을 요청했다.

대한의용군사의회는 회의를 열어 참전을 결정하고 1921년 12월 2일에 사령관 이용 명의의 동원령을 내렸다. 곧 대한의용군 전 부대가 집합하여 사령관으로부터 출전명령을 받고 극동공화국 인민혁명군과 함께 전선으로 이동했다. 대한의용군은 이곳에서 원동공화국 인민혁명군 사령부로부터 무기를 지급받았다. 이전까지 제대로 된 무장을 하지 못하

이만전투의 현장이었던 이만역 현재는 달네레첸스크역이다.

고 있었기 때문이다.

여기에서 원동해방전쟁의 첫 전투인 한운용 중대의 이만전투가 벌어졌다. 이만전투 당시의 상황을 정리하면 다음과 같다.

1921년 12월 3일 밤, 3개 중대로 이루어진 대한의용군은 전열을 갖추어 극동공화국 인민혁명군과 함께 백군을 공격하기 위해 출동하였다. 이들은 강행군을 거듭하여 무라비요프아무르스키Муравьев–Амурский역을 지나 우수리강에 도착했다. 정찰대가 와서 백군이 이미 우수리역에 나타났다는 보고를 하자, 대한의용군 부대와 인민혁명군은 즉각 전투태세에 돌입했다. 그런데 사령부로부터 전투를 미루고 일단 그라프Граф 마을까지 철수하라는 명령이 내려왔다. 이에 인민혁명군은 철도를 따라, 대한의용군은 우수리강을 따라 질서정연하게 퇴각하였다.

인민혁명군의 퇴각을 알아차린 백군은 즉각 공격을 시작하였다. 그들은 정면 공격과 함께 철도 연선의 오른편에서부터 인민혁명군을 포위하며 이만으로 접근하였다. 인민혁명군과 대한의용군은 이만과 그라프 사이에서 백군에게 포위당할 위험에 처하게 되었다. 인민혁명군은 포위당하지 않기 위해 그라프를 지나 이만까지 빠르게 퇴각하기로 결정하였다. 대한의용군 1, 3중대와 인민혁명군은 급히 이만으로 향하고 대한의용군 2중대만이 그라프에 남겨졌다.

12월 4일, 새벽 5시에 대포의 포격과 기관총 사격을 앞세운 백군이 공격이 시작되었다. 포연이 이만 시가지를 뒤덮었다. 백군의 강력한 공격에 밀린 인민혁명군은 이만으로 진입하는 요충지인 이만철교를 버리고 퇴각할 수밖에 없었다. 인민혁명군사령부는 즉각 이만 북쪽 비킨Бикин역으로 퇴각했으며, 부대들도 사령부의 뒤를 따랐다.

대한의용군 1, 3중대는 퇴각하는 인민혁명군의 후미에서 철수부대를 엄호하는 임무를 맡았다. 사령관 이용의 명령에 따라 이만철교를 지키기 위해 1중대 1소대가 남았다. 백군의 전초부대가 이만철교에 나타났다. 아침 7시경이라 주위가 너무 어두웠기 때문에 1소대는 그들이 백군인지 인민혁명군인지 분간할 수 없었다. 백군은 기습적으로 사격을 가해 왔다. 소대장 윤동선과 소대 군정위원 주병록, 그리고 병사 2명이 쓰러졌다. 남은 소대원들은 급히 퇴각할 수밖에 없었다. 이들은 곧 비낀으로 퇴각하는 본대에 합류했다. 이만은 별다른 저항 없이 백군의 수중에 떨어졌다.

문제는 그라프에 남겨진 대한의용군 2중대였다. 한운용이 지휘하는

2중대는 본대와의 연락이 끊어진 채 백군의 포위망 속에 남겨졌다. 그라프에서 밤을 지새운 한운용 중대는 본대를 쫓아 이만으로 퇴각했다. 이들은 이만이 이미 백군에게 점령당했다는 사실을 알지 못하고 있었다. 한운용 중대는 어떤 의심도 품지 않고 대열을 갖추어 이만역으로 접근했다. 때는 정오 무렵이었다. 이만을 점령하고 역 근처에 보병과 기병을 배치해 두고 있던 백군 역시 역으로 접근하는 부대의 정체를 알아차리지 못했다. 그들도 자신들이 이미 반나절 전에 점령한 이만 부근에 인민혁명군이 남아있으리라고는 생각조차 하지 못했던 것이다.

상대를 먼저 알아본 것은 한운용 중대였다. 둘 사이의 거리가 약 200미터 가량 남았을 때 한운용은 백군임을 알아차렸다. 한운용은 즉각 산개하여 사격하라는 명령을 내렸다. 한운용 중대는 백군을 향해 강력한 공격을 퍼부었다. 아무런 준비를 하지 못하고 있던 백군은 뜻밖의 공격에 당황하여 30분 만에 백기를 올렸다. 한운용 중대는 백군을 포로로 잡고 부상자들을 정돈하면서 전투 정리에 들어갔다.

그러나 승리의 시간은 그리 길지 않았다. 한운용 중대의 뒤를 이어 무라비요프아무르스키역으로부터 약 1,500명에 이르는 백군 부대가 도착한 것이다. 항복하던 백군들은 자신들의 본대를 알아보고서는 다시 사격을 가했다. 한운용 중대는 곧 자신들보다 수십 배 많은 적들에게 포위되었다. 전투를 해서는 승산이 없었다. 항복하는 수밖에 없었다. 그러나 한운용 중대는 항복하기를 거부하고 최후의 한 사람까지 싸우기로 결정했다. 적들을 향해 맹사격을 가하자 백군부대로부터 총탄이 비오듯 쏟아졌다. 얼마 지나지 않아 사격 소리가 끊어졌다. 탄약이 떨어진 것이었다. 한운용 중대와 함께 전투에 참가했던 약 30여 명의 인민혁명군들 중 절반이 항복했다.

그러나 결코 항복하지 않았던 대한의용군 병사들은 백병전에 돌입했다. 그들의 총에는 총검이 장착되어 있지 않았다. 개머리판과 맨몸으로 백군과 최후의 일전을 벌이던 그들은 하나 둘씩 쓰러졌다. 애초에 상대가 되지 않았던 전투의 시간은 그리 길지 않았다. 대한의용군 2중대원들은 모두 쓰러졌다. 그러나 아직 전투가 끝나지 않았다. 중상을 입고 동지들의 시체들 속에 파묻혀 있던 중대장 한운용과 소대장 강신우, 분대장 엄관호, 윤상원, 한익현은 전투가 끝났다고 생각하고 시체를 정리하던 백군을 향해 마지막 권총 사격을 가했다. 이 공격으로 백군 18명이 죽었다. 50여 명의 한운용 중대는 전멸했지만 백군의 피해는 이보다 훨씬 컸다. 백군은 사망자 약 600명에 부상자가 200여 명에 달하는 엄청난 피해를 입었다.

전투가 끝난 후 18군데에 칼을 찔린 채 시체 더미 속에 누워 있던 마춘걸은 밤이 되자 기어서 이만의 한인 농가로 숨어들었다. 그곳에서 응급처치를 받은 그는 곧 이만을 탈출했다. 김치율과 김덕현은 부상당한 상태로 적십자에 의해 발견되었다. 그러나 그들은 병원에서 도망쳤다. 전투 후 3일이 지나고 이만의 한인 주민들은 시체를 거두어 눈 속에 임시로 매장했다. 인민혁명군이 이만을 탈환한 후 이들의 시체는 동지들과 한인 주민들에 의해 이만공동묘지에 안장되었다.

한운용 중대는 마춘걸, 김치율, 김덕현 3명의 생존자를 제외하고 50여 명 전원이 전사하였다. 이들의 희생 덕분에 극동공화국 인민혁명

이만전투 희생자들의 합동 장례식

군과 대한의용군 1, 3중대는 안전하게 후방으로 퇴각할 수 있었다. 그러나 한운용 중대의 저항이 이만 지역 한인들에게 남긴 대가는 컸다. 이 전투에서 600명 이상이 전사하는 큰 피해를 입은 백군은 한인들에 대해 가혹한 태도를 취했다. 백군은 이만 점령 후 종래 소비에트 적군과 관계하던 한인민회를 해산하고 친일적인 한인들로 구성된 새로운 민회를 조직하여 이만지방 한인에 관한 사무를 총괄하게 하였다. 그리고 소비에트 적군과 관계한 한인을 체포하여 구금하는 것은 물론이고 다른 일반 한인들에 대해서도 엄격한 조사를 취했다. 예를 들어 가택수사를 할 때 만약 청년이 신발을 신고 있는 것을 보면 누구를 막론하고 구금하거나 투옥하여 한인들은 아예 외출을 하지 못했다고 한다. 이러한 백군의 태도로 인하여 이만의 한인들은 백군에 대한 불만이 많았다.

한편 이만전투에서 한운용 중대의 희생은 백군이 한인부대와 정면으로 맞서는 것을 꺼리게 되는 계기로 작용하였다. 한인부대의 용기를 두려워한 백군은 계속되는 전투에서 대한의용군의 방어선 쪽은 회피하였다. 그래서 소비에트 적군 장교들도 "이르보! 뻬료드!(여보! 앞으로!)"라는 대한의용군의 구령을 배워 사용하였다고 한다. 즉 맞서는 부대가 한인부대인 것처럼 속여 백군의 사기를 꺾어 놓고자 했던 것이다. 실제로도 대한의용군은 한운용 중대의 희생을 발판으로 삼아 이후 백군 및 일본군과의 전투에서 가장 용감하게 싸웠다. 그리하여 원동해방전쟁사의 첫머리에 대한의용군의 이름을 올려놓을 수 있었다.

퇴각과 반격 끝에 승리하다

한운용 중대의 희생으로 안전하게 퇴각한 극동공화국 인민혁명군 6연대와 대한의용군 1, 3중대는 비킨역에서 전열을 정비하였다. 김홍일은 고령인 임표를 대신해 1중대와 3중대를 통합 지휘하게 되었다. 당시 자유시참변에서 소수의 부대원만을 데리고 탈출했던 박일리야의 부대는 우수리강 연안에 자리잡고 있었는데, 이들 약 70명도 비킨으로 와서 대한의용군에 합류하였다. 그리고 하바롭스크에서 인민혁명군 총사령관 부관인 쎄리세프가 도착하자 하바롭스크로부터의 퇴각이 결정되었다. 대한의용군은 12월 7일에 우수리강 우안을 따라 인민혁명군 포병의 철수작전을 엄호하여 그들을 전장에서 벗어나게 하는 데 성공했다. 그리고 대한의용군도 철수하기 시작했다. 목적지는 우수리강변 중국 요하현饒河

대한의용군 시절의 김홍일

縣 맞은편에 있는 어느 러시아 마을이었다.

시베리아 12월 추위에 진행된 철수 작전은 매우 힘들었다. 저녁 7시경 시작한 철수 작전은 밤새도록 이루어졌다. 대원들은 추위와 굶주림에 허덕이며 밤을 새워 행군을 계속했다. 철수 작전의 막바지에 대원들을 이끌던 3중대장 김홍일마저 실신하고 말았다. 김홍일은 실신한 이튿날 아침에 부근을 수색하던 인민혁명군에 발견되어 목숨을 건질 수 있었다. 중대장마저 추위와 굶주림에 쓰러질 정도였다. 김홍일은 당시 상황을 다음과 같이 회고하였다.

"참으로 어려운 철수작전이었다. 저녁 7시 무렵에 시작하여 그 이튿날 새벽 2시까지 장장 7시간여 동안 사력을 다한 지그재그 철수 작전 끝에 겨우 적의 추격을 피하여 우리 부대는 비로소 안전권에 철수할 수 있었다. 그러나 우리 부대엔 전날에 이미 식량 보급이 떨어졌던 탓으로 장병들은 모두 점심과 저녁을 굶으면서 7시간여의 그 힘겨운 후퇴작전을 벌였으니, 피로는 이만저만이 아니었다.

창자가 타는 듯한 허기를 견디지 못하고 병사들은 하나 둘씩 길바닥에 쓰러지기 시작했다. 내가 탔던 말도 이틀간이나 제대로 먹이지 못한 탓으로 끝내는 길바닥에 쓰러지고 말았다. ……

시간이 흐를수록 배는 더욱 고파지고 다리는 무겁고 그때 우리에게 있어선 50리는 마치 5천리나 되는 것처럼 까마득하게 느껴졌다. 그럴수록 나는 정신을 차렸다. 그때 마침 길가의 나무 밑에 누가 흘렸는지 감자가 한 개 떨어져 있는 것이 눈에 띄었다. 나는 얼른 그것을 입에 넣고 으드득 씹어 봤다. 아려서 혀가 아플 정도였다. 나는 나도 모르게 그 감자를 내동댕이쳤다.

어쨌든 앞으로 가자.

나는 온 힘을 다하여 자꾸 걷는 수밖에 없었다. 나는 부대 뒤에 떨어져서 걸어가며 앞에 가다 쓰러지는 병사들의 소총을 받아 메고 다시 그들을 일으켜서 격려하며 걸어야 했다. 그러다 보니 내 어깨엔 어느새 소총이 여덟 자루나 포개져서 걸리게 되었다. 소총의 중량이 어찌나 무거운지 나는 허리가 자꾸만 구부러져 보행도 곤란한 처지였다. 그러다가 부대가 멀리 앞서간 후에 그만 나도 모르는 사이에 지쳐서 쓰러지고 말았다. 내가 쓰러진 곳은 어느 야산 마루턱이었다.

마침 인가가 없는 곳이라 겨울바람만 슬픈 듯 소리내어 울고 백설白雪은 만건곤滿乾坤한데 나 혼자 굶주림에 지쳐서 땅바닥에 누워 있으니 참으로 처량한 신세였다. 아무리 용기를 내도 손가락 하나 움직일 힘이 없었다. 목이 말라서 눈을 집어 먹으려 하여도 도무지 팔이 움직이질 않았다.

그러나 나는 겨우 머리를 돌려서 입을 땅으로 향하고 혀를 내밀어 눈을 핥아 먹는 데 성공하였다. 나는 자꾸 눈을 핥아 먹었다. 그러니까 좀 눈앞이 훤해지는 느낌이었다. 잠도 달아나고 정신도 든다. …… 그런데 그때 나는 그런저런 생각에 잠기다가 그만 얼굴을 눈 위에 댄 채 어느새 잠이

들어 버렸다. 그 후 얼마나 지났을까. 나는 아침 햇살 속에서 인마人馬들이 북적대는 소리에 놀라 번쩍 눈을 떠보니 고맙게도 사령부에서 장병들이 나를 찾아온 것이다."

이후 하바롭스크에서 군사당국회의가 12월 12일에 개최되었다. 회의에서는 인민혁명군 본대가 도착하지 않은 상태에서 전면전을 펼치는 것은 불리하니 지구전을 하자는 의견이 채택되어 하바롭스크를 버리고 베라Вера로 퇴각하기로 결정되었다. 이에 대한의용군이 또다시 인민혁명군의 철수를 위한 엄호에 나섰다. 하바롭스크 인근 블라디미로프카Владимировка에서 12월 14일부터 3일간 벌어진 전투에서 김홍일이 지휘한 대한의용군은 백군의 진격을 차단하여 인민혁명군이 안전하게 인Ин역까지 퇴각하도록 하였다.

대한의용군 외에 하바롭스크에 있던 프리아무르주 한인공산당연합회에 속해 있던 박영, 박 모이세이, 김치준, 황삼봉, 한기권 등 23명이 김치준을 소대장으로 하여 하바롭스크를 방어하는 전투에 참가했다. 인민혁명군 총사령관 부관 쎄리세프는 퇴각전에서 보여준 한인부대의 용맹에 감탄하여 다음과 같이 말했다.

"아군의 손실 없이 하바롭스크에서 현재 우리들이 안전하게 퇴각한 것은 블라디미로프카와 하바롭스크 지역에서 적의 공격을 지연시킬 수 있었기 때문이었다. 우리는 이 임무를 전례 없는 용감성과 전투력을 보여준 한인 중대에게 맡겼다."

한편, 원동공화국 인민혁명군이 하바롭스크에서 안전하게 퇴각하도록 혼신을 다했던 김홍일은 퇴각전이 끝난 후에 야간 기습을 감행하여 러시아 빨치산들로부터 하바롭스크를 탈환하자는 제안을 받았다. 이 제안을 수락한 김홍일은 러시아 빨치산과 대한의용군 병력만으로 시중의 백군을 일시 격퇴시키고 시가지 전체를 잠시 장악하였다. 그때 김홍일은 하바롭스크에서 백군의 군사고문인 일본군 장교의 시체를 3구나 발견하였다. 그러나 곧 적군 사령부에서는 인명 피해를 우려하여 즉시 철수할 것을 엄명하고 병력 철수 엄호와 수송을 담당하기 위해 장갑열차까지 보내주었다.

이 장갑열차에 실려 후퇴할 당시 김홍일은 피로감을 이기지 못하여 그만 깜박 잊고 방한이 되지 않은 장화를 신은 채로 잠이 들었던 탓에 왼발 무릎 밑부터 발끝까지 동상에 걸렸다. 병원으로 후송되어 다리를 절단하게 된 김홍일을 구해준 이는 한말 의병 출신의 60여세 된 독립군이었다. 그는 동상이 걸린 김홍일의 왼발을 찬물에 담가 얼음을 한꺼풀씩 녹여냄으로써 동상을 치료하였다. 김홍일은 다행스럽게도 다리를 절단하지는 않았지만 블라고베센스크의 야전병원으로 후송되었다.

하바롭스크로부터 퇴각한 극동공화국 인민혁명군과 대한의용군은 볼로차예프카Волочаевка역을 거쳐 인역까지 퇴각하여 전열을 정비하고 휴식을 취하게 되었다. 인역과 볼로차예프카역 사이에서 수차례 소규모 전투가 거듭되다 마침내 백군은 12월 24일에 인역에서 대공격을 개시하였다. 인민혁명군도 더 이상은 물러날 수 없었다. 이에 따라 인역을 사수하기 위한 대전투가 벌어졌다. 대한의용군도 인민혁명군과 함께 인역

사수를 위한 전투에 돌입했다. 백군은 하루 종일 세 차례에 걸쳐 인역을 공격했다. 그러나 인민혁명군과 대한의용군의 강력한 저항에 맞닥뜨린 백군은 마침내 퇴각했다. 인역 방어에 성공한 것이었다. 다음 날 이용은 부대를 이끌고 올리곡뜨까지 백군을 추격하고 돌아왔다.

마침 총사령관 블류헤르Васи́лий Блю́хер가 지휘하는 극동공화국 인민혁명군 본대가 서쪽에서 인역에 도착하였다. 그리고 백군은 볼로차에프카역에 방어선을 구축하였다. 영하 40도를 넘나드는 강추위 때문에 양측은 한 달간 전력을 추스르며 대치하였다.

부대를 이끌고 인역에 도착한 인민혁명군 총사령관 블류헤르는 부대를 세 그룹으로 나누었다. 인민혁명군 6연대에 속해 있던 대한의용군은 제5, 6연대와 특립아무르연대로 이루어진 혼성여단에 들어가 철도연선을 따라 진군하여 빨치산 부대의 지원하에 백군의 우측을 공격하고 볼로차예프카를 점령한 후에 하바롭스크 방면으로 적을 추격하는 임무를 맡았다.

이에 따라 볼로차예프카에 대한 총공격이 1922년 2월 10일에 시작되었다. 최계립과 임표가 이끄는 한인중대는 인민혁명군 제6연대의 최선봉에 서서 볼로차예프카 요새의 철조망을 헤치고 돌격하였다. 백군의 참호에서 기관총이 발사되어 많은 희생자가 속출하였다. 하루 종일 계속된 공격에도 볼로차예프카 요새는 점령되지 않았다. 그러나 2월 10일의 공격에서 볼로차예프카 요새의 약점을 알아낸 제6연대는 2월 11일 밤에 장갑차를 이끌고 남쪽에서 공격을 시작하였다. 2월 12일 아침까지 계속된 전투는 제8호 장갑차가 철조망을 돌파하고 뒤이어 인민혁명군 병사들이 총공세를 가함으로써 오전 11시에 끝났다. 볼로차예프카는 점령되고 백군은 수많은 사상자를 남긴 채 도주하였다.

볼로차예프카 전투에서 보여준 용감하고 영웅적인 투쟁으로 한인중대가 소속되어 싸웠던 제6보병연대는 가장 뛰어난 부대에게 수여하는 적기훈장을 받았다. 제6보병연대는 '적기훈장 제4볼로차예프카보병연대'로 개명되었다. 볼로차예프카 전투에서 전사한 병사들을 위해 이윤-꼬란산에 기념비가 건축되었다. 전사한 이들이 묻힌 형제묘 위에 손에 장총을 든 인민혁명군 병사의 동상이 세워졌다. 이 형제묘에는 한인 병사 18명이 잠들어 있다.

볼로차예프카 전투는 원동해방전쟁에서 전환점이 되었다. 이후 인민혁명군은 거침없이 진격하였다. 2월 14일에는 하바롭스크로 진격하였고, 2월 28일에는 마침내 이만을 탈환하였다. 이만탈환전에 대한의용군은 참가하지 않았다. 다만 이전 김경천 부대의 병사였던 김희열과 송순학 등 35명이 인민혁명군에 가담하여 참가하였다.

한인특립보병대대 대대장에 임명되다

볼로차예프카 전투 이후 한인부대는 더 이상 전투에 참가하지 않고 특립보병대대라는 이름으로 인, 볼로차예프카, 블라디미로프카 일대를 수비하는 임무를 맡게 되었다. 대대장에 이용, 부대대장에 김홍일이 임명되었다. 당시 병력은 3개 중대에 기관총 1개 중대, 그리고 특무대 1개 중대를 더해 총 8백여 명이었다. 대대군정위원으로는 박 모이세이가 임명되었다. 이만이 탈환된 뒤에 한운용 중대의 생존자인 마춘걸이 와서 이만전투의 소식을 전해주었다. 대대장 이용과 임표는 예전 군비단원 50명을 데리고 장례를 지내기 위해 이만으로 떠났다. 한인특립보병대대는 김홍일과 최계립이 남아 지휘하였다.

대대장 이용이 이만으로 떠난 후 김홍일은 대대장이 되어 군정위원 박 모이세이와 함께 협의하여 부대를 통솔하였다. 김홍일은 박 모이세이와 밤을 새워가며 솔직하게 의견을 나누면서 적군 정규군 편성에 알맞은 부대 편성을 하고 군사훈련을 하면서 부대에 주어진 임무를 수행하였다. 당시 후방의 수비 임무를 맡은 한인특립보병대대의 관할 범위는 아무르강 북쪽의 니콜라옙스크나아무레에서부터 인스크에 이르는 장장 500여 리에 달하는 넓은 지역이었다. 김홍일은 이 넓은 지역의 철도와 교량, 지방 치안을 유지하기 위한 수비대의 사령관으로 임명되었다.

그런데 그처럼 넓은 지역에 부대 병력을 쭉 배치해 놓고 보니 부대의 통솔은 물론 각 장병들 간의 정신적인 단결을 도모하기가 어려웠을 뿐만 아니라 멀리 떨어져 있는 부대원들의 동정을 파악하기도 힘들었다. 사령본부에서는 각 하급 부대장들로부터 연락이 없으면 그곳 부대 사정을 전혀 알 수가 없는 형편이었다. 김홍일은 한인부대에 별로 이익이 되지 않는 수비대 임무를 속히 해제하고 부대를 되도록 어느 한 곳에 집합시켜 앞으로의 전투를 위한 훈련을 받을 수 있도록 조치해 달라고 적군 사령부에 계속 요청하였다. 그러나 적군 측은 그때마다 병력이 부족하다는 이유를 내세워 그의 제안을 거절하였다.

김홍일은 수비대 임무를 해제해 달라는 제안이 받아들여지지 않았지만, 자신의 임무를 충실히 수행해 나갔다. 그러던 어느 날, 한인특립보병대대가 수비 임무를 맡고 있는 지방 중에 중국과 러시아의 국경에 인근해 있던 지방의 한인들이 찾아와서 중국 마적들이 강을 건너와 도적질을 하려고 하니 처리해 달라고 청원해 왔다. 당시 중국 마적들은 결빙기가 되면 강을 건너와 한인마을을 습격하여 재물을 약탈하였다. 나라를 빼앗기고 먼 타국으로 쫓겨다니는 신세도 서러운데 마적들에게 생명마저 농락당한다고 생각하니 김홍일은 도저히 분해서 견딜 수가 없었다. 김홍일은 즉시 부대원들에게 명령을 내려 마적의 두목격이 되는 중국인 다섯명을 잡아들이고, 그들을 곧 군사재판에 회부하였다.

그런데 그는 곧 난관에 봉착하였다. 왜냐하면 당시 혁명 후의 소련은 사형제도를 폐지했고, 절도나 강도 등에 대한 형량은 매우 약하게 규정되어 있어서 기껏해야 3년 정도의 형벌에 처할 수밖에 없었기 때문이다. 사령관으로서 법의 규정을 무시하고 그 이상의 형벌을 가할 수도 없는 처지였다. 결국 그들에게는 2년 징역형이 선고되었다.

중국인들에게 내려진 형량에 대한 불만이 부대 이곳저곳에서 터져 나왔다. 아무리 참아도 불만을 억누를 수 없던 부대원들은 죄수들을 하바롭스크 감옥으로 이송시키는 도중에 일부러 도망칠 겨를을 준 뒤, 그들이 도망치자 추격하여 모조리 총살시켜 버렸다. 이는 죄수를 압송하는 도중 죄수가 도망치면 총살해도 무방하다는 군율에 의거한 행동이었다. 이런 식으로 한인들에게 해독을 끼친 마적들을 없애나가자 한인들은 김홍일과 부대원들을 붙잡고 눈물을 글썽이며 감사의 인사를 올렸다.

시간이 흘러 어느새 5월 1일이 되었다. 노동절인 5월 1일은 소련에서는 가장 성대한 명절 중의 하나였다. 김홍일의 관할 지역에서는 성대한 사열식이 거행되었다. 당시 그가 사령관으로 있던 수비대 관할 구역 안에는 한인특립보병대대 외에도 야전중포병 1개 대대, 철도장갑차대대 통신병대대, 야전병원열차대 등이 임시로 주둔하고 있었다. 이 부대들이 모두 사령부 소재지인 니콜라옙스크 광장에 집결하여 김홍일의 사열을 받게 되어 있었다. 김홍일이 연대장에 해당하는 특별보병대대장의 직위였으므로 다른 대대장의 직위보다 높았기 때문이다.

사열식은 먼저 도로 연변에 전 부대를 4열 횡대로 쭉 나열해 놓고 사열관인 김홍일이 말을 타고 열병하는 것으로 시작되었다. 김홍일 사열관이 중대 앞에 이르면 장병들의 경례를 받았다. 사열관이 "동무들 안녕하십니까!"라고 인사하면, 중대 전원이 일제히 큰 소리로 "안녕하십니까!"라고 합창하듯 답례를 하였다.

이러한 식의 사열이 끝나면 곧 이어서 분열식이 거행되었다. 중대 행렬이 사열대 앞에 이르면 사열관이 "동무들 고맙습니다"라고 하면 그 답례로 중대는 일제히 "만세, 만세, 만세"라고 고함을 치며 사열대 앞을 통과하였다. 사뭇 장관이었다.

분열식이 끝나고 나자 전군이 광장에 다시 집합하여 선서식을 가졌다. 각 대대 단위로 대대 군정위원들이 선서문을 선창하면 뒤따라서 전군이 예비돌격태세를 취하고 선서문을 따라 외쳤다. 선서식이 끝나면 사열관이 끝으로 감사하다는 뜻의 인사말과 함께 군인들의 사기를 북돋아 주기 위한 격려의 연설을 하였다. 사열관인 김홍일은 이러한 의식을 끝낸 후에도 각 군 부대 간부들의 개별 인사를 받았다. 간부들은 한 사람씩 김홍일을 찾아와 공손히 손을 잡고 "사령관님, 축하합니다", "사령관님, 수고하셨습니다"라고 하면서 김홍일에 대한 존경의 뜻을 표했다.

한인들은 그때 겨우 24살 밖에 안 되는 젊은 청년인 김홍일이 사열대 위에서 무려 1,000여 명의 러시아 군인들로부터 경례를 받는 모습을 감격어린 마음으로 바라보았다. 그중에는 감격에 겨워 눈물을 흘리는 이들까지 있었다.

한인특립보병대대를 해체하다

특립한인보병대대가 조직되고 난 후 대대장으로 임명되었던 대한의용군 사령관 이용 등은 예전 군비단원 50명을 데리고 장례를 지내기 위해 이만으로 떠났다. 하지만 이만전투 전사자의 장례를 지내 준다는 것은 핑계에 불과했다. 대부분이 상해파 인사였던 대한의용군 지도부는 박모이세이가 군정위원으로 부임한 사실에 두려움을 느끼고 있었다. 김규면, 이용, 임표, 박일리야 등 10여 명은 이르쿠츠크파가 자신들을 체포 혹은 암살하려는 음모를 꾸미고 있어서 부대에 머물러 있는 것이 위태롭기 때문에 부대를 김홍일에게 맡기고 이만으로 비밀리에 떠났다.

실제로 그렇게 의심할 여지가 충분히 있었다. 무엇보다 볼로차예프카 전투 승리 이래 대한의용군의 위상이 대폭 하락하였다. 이만전투 이후 전개된 각종 전투에서 보여준 대한의용군의 활약은 인민혁명군 내에서도 인정하던 바였다. 당시 대한의용군은 연해주 일대 한인 빨치산 부대들 중 가장 높은 위상을 지니고 있었다. 그런데 사정이 조금씩 변하기 시작했다. 대한의용군을 한곳에 집중시켜 훈련시키기로 했던 인민혁명군의 약속이 지켜지지 않았고, 인민혁명군은 차츰 대한의용군을 멀리하기 시작하였다.

이만에서 일단 한숨을 돌린 인민혁명군은 자체적으로 다시 한인 빨치산 부대에 대한 조사를 실시한 것으로 보인다. 곳곳에서 대한의용군의 지도부가 자유시에서 봉기를 일으켰던 이들이라는 보고가 들어왔다. 대한의용군 지도부는 이런 상황을 예의주시하고 있었다. 이러한 이유 때문에 더 이상 하바롭스크에 머물 수 없었던 것이다. 하지만 상황은 더욱 악화되었다. 1922년 5월 6일에 하바롭스크의 군사소비에트 앞으로 다음과 같은 보고가 접수되었다.

> 대한의용군은 상해파 그룹의 인사들로 공산주의 사상이 투철하지 못하고 민족주의 사상을 선전하고 있으며, 사령관 이용과 10명의 병사들이 그들을 체포하라는 명령을 피해 탈출했다.

이 보고는 아울러 아누치노에 있는 한인 빨치산 부대들이 보다 강력한 공산주의사상으로 무장되어 있다고 주장하였다. 이로 인해 대한의용군의 위상은 급격히 추락했다. 이만에 가서 눈 속에 파묻어 두었던 한운용 중대의 전사자들을 다시 이만시 공원에 묻고 장례를 지낸 뒤에 이용과 임표 등은 중국으로 떠났다.

김홍일은 상해파와 이르쿠츠크파의 갈등으로부터 자유로운 입장이었기 때문에 대대장 이용을 비롯한 옛 대한의용군의 지도자들이 떠난 후에도 한인특립보병대대를 지휘하여 하바롭스크 주변을 수비하는 임무를 적절히 수행하였다. 그러나 그도 역시 원동공화국 인민혁명군 동부전선군사령관에게 사면청원서辭免請願書를 제출하게 되었다. 앞면은 러시아어로, 뒷면은 한글로 작성된 사면청원서의 내용은 다음과 같다.

사면청원서

나는 알에 이유를 인因하와 사면하오니 허가하심을 바람

하나. 우리를 신임치 안이함으로

둘. 아직까지 우리 군대 문제를 해결하여주지 안음으로 우리는 지휘할 힘이 없음으로

셋. 군정의회 군정위원까지 우리를 대하야 거짓말을 하니 우리도 당신네를 믿올 수 없음으로

넷. 나는 조선혁명이나 세계혁명 군인이 될 의무는 있으나 원동정부 군인 될 의무는 없음으로

특립보병대대 부관 김홍일

위 사면청원서에 대해 인민혁명군으로부터 사유를 정확히 소명하라는 요구가 있었던 듯하다. 김홍일은 사면청원서를 제출하고 일주일 후에 사면청원서의 내용을 자세히 설명하는 보고서를 제출하였다. 이 보고서에서 김홍일은 원동공화국이 약속을 지키지 않고 있음을 신랄하게 비판하였다. 위 사면청원서와 보고서를 통해 우리는 대한의용군의 후신인 특립보병대대와 원동공화국 인민혁명군 및 소비에트적군 지휘관들

사이의 신뢰관계가 급속히 무너져가고 있음을 알 수 있다.

그런 가운데 불행한 사건이 터졌다. 박 일리야의 이전 사할린부대원들이 다수 편입되어 있던 2중대 대원들이 7월 22일에 이르쿠츠크파인 자유대대 출신 중대장 최 미하일을 연금시키고 전중대가 국경을 넘어 중국으로 집단 탈영한 것이었다. 이에 적군사령부는 수비대 사령관인 김홍일과 아무런 상의 없이 제3중대마저 무장을 해제시키고 집단적으로 치타로 후송시켜 버렸다. 이 소식을 접한 김홍일과 군정위원 박 모이세이는 즉각 적군사령부로 가서 그들의 일방적인 처사에 강경하게 항의했지만 그들의 의견은 받아들여지지 않았다.

부대로 돌아온 김홍일은 대원들을 전부 집합시켜 놓고 부대의 향후 전망에 대해 토의하였다. 결국 김홍일은 부대를 해산하기로 결정하고 그 뜻을 하바롭스크 적군사령부에 통고하였다. 그리고 부대의 무장을 자진해서 해제하고 그들에게 가져가라고 하였다. 그러자 적군사령부는 유감스럽게 되었다고 사과하면서 무기를 거두어 갔다. 김홍일은 부대를 해산시키면서 적군사령부와 협의하여 부대원 각자에게 그들이 원하는 대로 러시아 영내를 돌아다닐 수 있도록 증명서와 1년간 유효한 무임승차권을 교부하도록 하고, 1년간 유효한 식량권을 지급하도록 주선하였다. 김홍일은 이렇게 장병들에 대한 사후 대책을 세운 후 7월 20일에 부대를 해체하고 이만으로 떠났다. 결국 러시아 영내에서 항일대군단抗日大軍團을 조직하려던 김홍일의 꿈은 사라지고 말았다.

이만에 도착한 김홍일은 이만전투에서 전몰한 한인병사들을 위한 추도식을 거행한 뒤에 치타로 후송된 제3중대 건을 해결하기 위해 블라고

베센스크로 갔다. 그곳에서 적군사령부와 교섭한 결과 제3중대에게도 1년간의 무임승차권과 식량권을 지급하여 해산시키기로 타결을 보았다. 그 후 김홍일은 해체된 한인특립보병대대를 뒤로 한 채 블라고베센스크를 떠나 중국령 흑하黑河로 건너갔다.

다시 만주로 향하다

중학교를 설립하여 교사로 일하다

중국령 흑하에 가니 그해 10월 베르흐네우딘스크에서 열릴 예정인 고려공산당 통합대회를 준비하고 있던 김규면 등이 김홍일을 반갑게 맞아주면서, 자신들과 함께 일해 달라고 요청하였다. 그러나 김홍일은 러시아에서 항일대군단 결성에 실패한 이유가 상해파와 이르쿠츠크파의 갈등과 분열 때문이라고 생각하고 그들의 요청을 거절하였다.

베르흐네우딘스크대회에 참가해 달라는 요청은 그 이후에도 계속되었다. 김홍일이 목릉에서 머무르고 있는 동안 김규면이 다시 그를 찾아왔다. 김규면은 이미 해산된 대한의용군의 대표로서 통합대회에 참가해 달라고 대표선임장을 내밀었다. 만일 어느 파에도 속하기 싫으면 공정한 증인의 입장에서 대회에 참가해 달라고 하였다. 그리고 자유시참변과 대한의용군 해산에 대한 책임이 이르쿠츠크파에 있다는 사실을 고발해 달라고 하였다.

곧이어 이르쿠츠크파의 김하석金河錫이 찾아왔다. 그도 역시 대표선임장을 내밀면서 대한의용군이 해산된 책임이 전적으로 상해파의 책동에 있다는 사실을 공정한 증인의 입장에서 밝혀달라고 요청하였다. 김홍일은 자신의 태도도 밝힐 겸해서 각파의 간부들이 있는 하얼빈으로 갔다. 김홍일은 그곳에서 이르쿠츠크파와 상해파 사이의 싸움을 무마하려고 노력했지만 결국 허사로 돌아갔다.

그는 당시 우리에게 부과된 가장 급선무는 무엇보다도 민족 역량의 총단합에 있다는 사실을 역설하고, 나라도 없는데 해외에서 공연히 어느 정파가 패권만 잡으면 무엇할 것이냐고 하면서 정 그렇게 파벌 싸움을 하고 싶다면 우선 나라를 다시 찾아놓은 연후에 하라고 책망하듯 말했다. 그러나 이미 주도권 쟁탈전에 열이 오른 그들의 귀에 김홍일의 고언이 먹혀들 리가 없었다. 김홍일은 결국 베르흐네우딘스크대회에 참석할 수 있는 대표 초청은 물론이고 그들 각 파에 관한 증인으로서의 출석마저 거부하고 쓸쓸히 목릉으로 돌아왔다. 결국 10월 말에 열린 베르흐네우딘스크 당통합대회는 이르쿠츠크파와 상해파간의 갈등과 분열만을 확인한 채 실패로 끝났다.

한편 김규면 등의 만류를 뿌리치고 흑하를 떠나 하얼빈에 도착한 김홍일은 그곳에서 이틀간 머무르면서 안중근의 의거를 되돌아보았다. 이후 그는 하얼빈을 떠나 고향의 지인들이 농장을 경영하고 있는 목릉현穆陵縣 팔면통八面通으로 갔다. 그 농장은 김홍일의 고향인 양시에서 벌어진 백일세사건百一稅事件과 105인 사건의 주모자로 구속되어 복역한 뒤에 만주로 망명한 송자현과 황공삼이 경영하고 있었다.

그곳에서 김홍일은 황공삼, 송자현, 소수분小綏芬 한교회장 이영백 등과 함께 중학교를 설립하는 일에 몰두하였다. 러시아 내전의 종결로 연해주의 한인 빨치산부대들이 해산됨으로써 더 이상 무장투쟁이 어려워진 상황에서 우선은 후배들에게 민족정신을 고취하려는 의도에서 교육활동에 전념하였던 것이다. 교사校舍로는 그곳 소수분소학교 교회당과 이영백의 집 일부를 잠정적으로 빌려 쓰기로 하고 학제와 교재는 중국의 형식을 그대로 모방하고 번역하여 채택하기로 하였다. 이는 이후 학생들이 중국대학에 진학할 때 도움을 주려는 의도였다. 다만 국어, 역사, 지리는 한국 자료에 중점을 두어 가르치기로 하였다.

그리하여 김홍일은 1923년 9월에 개교한 중학교에서 중국어와 수학과 체육을 가르쳤다. 1학년 신입생은 30여 명이었고 김홍일 외에 2명의 교사가 다른 과목을 담당하였다. 김홍일이 학교 설립에 참가한 것은 연해주에서 대한의용군 사관학교를 설립한 데 이어 2번째였고, 교사가 된 것은 황해도 신천의 경신학교에서 근무한 것을 합쳐 3번째였다. 그러나 그의 교사생활은 한 학기 만에 끝나고 말았다. 만주 일대에서 새로운 운동이 시작되면서 김홍일의 참여가 계속 요청되었기 때문이다.

대한의용군사위원회의 부활과 활동

1924년 정월, 김홍일은 영고탑에 가서 박응칠과 함께 길림성 돈화현으로 가서 여러 동지들과 구체적인 회합을 갖기로 하였다. 영고탑에서 돈화현까지는 600여 리에 이르는 험난한 여정이었다. 물론 군비단 군사부를 이끌고 2,000여 리에 달하는 이만까지의 여정을 겪은 바 있는 그였지만, 그때에 비해 계절은 시베리아의 북풍한설이 몰아치는 겨울이었고, 박응칠과 단 둘이 가는 길이라서 또 다른 어려움이 있었다. 이후 김홍일은 돈화현까지 가는 여정에서 겪은 여러 가지 일들을 일종의 여행기 비슷하게 써서 고향에 자신의 소식을 알리고, 고국으로 돌아간 여러 동지들을 돈화현으로 집합시키기 위해서 김홍일金弘日이라는 이름으로 『동아일보』에 투고하였다. 『동아일보』에서는 이 글을 1925년 10월 6일부터 9일까지 「북만오지여행北滿奧地旅行」이라는 제목으로 연재하였다.

영고탑에서 출발하여 돈화현까지 온갖 난관을 무릅쓰고 지나온 김홍일은 그곳에서 마진馬晉, 마용하馬龍河, 서상용徐尙庸, 김계산金桂山, 장기영張基永, 임표林彪, 마천룡馬天龍, 임상춘林常春 등을 만나 회합을 가졌다. 이 회의에서는 대한의용군사위원회를 다시 부활시키고, 임시본부를 돈화현에 두기로 결정하였다. 집행위원장에는 마진이 선출되어 일체의 연락 사무를 관장하게 되었다. 그리고 김홍일을 간도에서 독립운동 세력을 규합하기 위해 용정龍井으로 파견하기로 결정되었다. 그의 얼굴이 비교적 일본의 사찰당국에 알려져 있지 않다는 이유였다. 김홍일은 회의에서 결정된 대로 최세평崔世平이라는 가명으로 임상춘과 함께 용정 부근에 위치한 명동으로 갔다. 그곳에서 명동학교의 교사가 되어 수학과 체조를 가르치면서 명동 지역의 청년 조직을 맡게 되었다. 김홍일로서는 네 번째 교사생활이었다.

그런데 만주에서 김홍일의 활동을 주의 깊게 들여다보면 그의 활동이 한 단체와 연결되어 있음을 추측할 수 있다. 바로 적기단赤旗團이다. 내전이 끝나고 한인 빨치산 부대의 해산 명령이 내려진 후, 연해주에서 무장투쟁이 끝났음을 받아들이고 새로운 무장투쟁을 시작하기로 결심한 한인 빨치산들은 이제 새로운 활동지를 찾아 나섰다. 그곳은 그리 멀지도 않은 곳이었다. 그들은 국경을 넘어 중국으로 갔다. 가까이는 간도로, 조금 더 나아가면 산해관山海關을 넘어 중국 관내關內로, 한발짝 더 디뎌 중국 남부廣州까지 항일무장투쟁의 장소를 찾아 떠났다.

연해주에서 간도로 넘어온 예전 빨치산들에 의해 만들어진 것이 적기단이었다. 적기단은 1923년 1월 10일에 블라디보스톡 신한촌 백산학교 2층에서 소집된 한인청년회의에서 결성되었다. 이 회의에는 46명의 청년들이 참가했으며 코민테른 극동비서부 위원 이젤손도 참석했다. 임시집행부로 이젤손, 최계립, 김아파나시, 최동욱, 이승(홍파), 전창순 등이 선임되고, 단체의 명칭을 적기단으로 승인함으로써 이 회의는 적기단 조직총회로 선언되었다.

적기단의 행동강령은 조선공산당의 척후대 임무를 실행하기 위해 남만주, 북만주, 동만주 3개 지대에 사령부를 설치하여 일본제국주의 군벌과 투쟁하되 필요한 경우에는 파괴와 암살을 감행하는 것이었다. 임원은 다음과 같이 선정되었다.

단장: 최계립

부단장: 홍파

위원: 마건, 이동무, 김철, 최승관, 박대영, 최동욱, 박진

서기: 이환수

재무: 전창순

참모부 임원: 이용, 장기영, 마진

서만사령부장: 최계립(돈화, 액목, 서간도, 하발령, 길림 등지)

북만사령부장: 홍파(동령, 영안, 밀산, 중동선, 송화강 연안, 산성오운)

남만사령부장: 마진(화룡, 연길, 왕청, 훈춘)

이상 적기단의 임원 명단을 보면 적기단이 상해파 고려공산당원을 중심으로 조직되었다는 것을 알 수 있다. 이는 일본 정보문서를 통해서도 확인할 수 있고, 심지어 조선에서의 신문보도를 통해서도 확인할 수 있다. 즉 원동해방전쟁이 끝나고 한인 빨치산 부대를 해산할 당시, 부대를 해산시킨 후 무장투쟁의 길을 찾아 떠났던 젊은 상해파 고려공산당계 인물들이 가장 먼저 조직한 것이 바로 적기단이었다. 따라서 적기단은 간도 곳곳에 공산주의를 선전하는 것을 주요 활동으로 삼았다.

조선으로 파견된 적기단원들은 대체로 함흥시를 중심으로 비밀활동을 하다가 다수가 체포되고 투옥되었다. 적기단의 사업 결과 당시 함흥시 비료공장에는 공산주의청년 27명으로 결합된 공산청년회가 조직되었으며, 함흥시 영생중학교, 고등보통학교, 농민학교 학생들을 망라한 청년단체에는 청년 19명이 가담해 있었다. 적기단 단원은 1925년 12월 말까지 700명 가량에 달했다.

적기단이 행한 대표적인 무장투쟁은 1924년에 이루어졌다. 간도에

주둔한 일본군대가 시위행렬을 하는 때에 적기단 경호부장 장백암의 지휘아래 무장대 27명이 일본군을 습격하여 약 30분간 전투를 벌였다. 이 전투에서 적기단 간부임원 최승관이 전사했다. 일본군대는 최승관의 시체를 불에 태워버렸다.

김홍일이 적기단에 직접 가담했다는 증거는 찾을 수 없다. 김홍일 자신의 회고록에도 적기단은 한 번도 언급되지 않는다. 하지만 1924년 초에 그가 향후 행로를 결정하기 위해 박응칠과 함께 찾았던 영고탑은 적기단의 본부가 자리잡고 있던 곳이었다. 또한, 박응칠은 줄곧 상해파의 일원으로 활동하던 운동가였다. 또한 그가 이후 돈화현에서 재조직했다고 하는 대한의용군사회의는 당시 상해파 고려공산당의 북간도 지회의 역할을 하고 있던 북간도 국민회 군사부가 확대·재편된 조직이었다. 김홍일 자신의 의도와는 관계없이 그의 활동은 적기단, 크게 보자면 상해파 고려공산당의 활동 범위와 중첩되어 있었던 것이다. 그렇다면 김홍일은 왜 적기단은 한 번도 언급하지 않았던 것일까? 이에 대해 두 가지 가능성을 추측해 볼 수 있다.

먼저 김홍일이 적기단의 존재를 몰랐을 수도 있다. 적기단은 스스로 공산주의적 단체임을 명확히 밝히고 있었다. 대부분의 적기단 조직원들은 상해파 고려공산당 당원 출신이었다. 연해주에서 활동하면서부터 줄곧 상해파 고려공산당, 이르쿠츠크파 고려공산당과 일정한 거리를 두고 있던 김홍일에게 적기단은 군사적 능력을 갖추고 있는 민족운동의 제휴 대상이었을 뿐 주의와 사상을 같이 하는 혁명동지로는 인식되지 않았을 가능성이 있다.

다른 측면에서 바라본다면 김홍일 자신이 애써 적기단과의 관계를 부인했을 수도 있다. 적기단은 조직 당시부터 공산주의적 단체임이 널리 알려져 있었다. 이후 반공을 최우선으로 하는 중국국민당에서 장군이 되고 대한민국 국군의 사단장으로 한국전쟁에 참가했던 김홍일로서는 어떤 식으로든 적기단과 연관되는 것이 꺼려졌을 수도 있다. 아예 몰랐던 것으로 치부하는 것이 현명한 처세일 수도 있었다.

그렇지만 1923년 이후 간도 지역에서 보여지는 김홍일의 활동은 상해파 고려공산당의 무장단체라고 할 수 있는 적기단에서 파악할 수 있다. 이는 당연히 군비단에서부터 연해주 대한의용군을 거치면서 그가 맺어온 인적 네트워크가 기반이 되었음은 물론이다.

용정에서 장춘을 거쳐 중국 관내로 가다

이후 김홍일은 용정 명동학교에서 교사를 하며 지내고 있었다. 그러나 교사 생활도 그다지 오래 지속되지 못했다. 1925년 여름 용정촌에서 각 학교 대항 축구시합이 열렸다. 김홍일은 명동중학 축구팀을 인솔하고 시합에 참가하였다. 그런데 시합에 임석臨席한 경관 중에 김홍일을 알고 있는 자가 있었다. 그가 6년 전 경신학교 교사 시절에 비밀결사 사건으로 용암포경찰서에 구금되었을 때 그를 취조하던 현시달玄時達이라는 자가 일본영사관파출소에 근무하고 있었던 것이다. 현시달은 의심을 품고 최세평의 뒷조사를 하고 다녔다. 김홍일은 마침 학교가 방학에 들어간 것을 이용하여 명동중학을 떠나기로 하였다. 그가 학교를 떠난 날에 마

간도 용정 명동학교(1917)

간도 용정 명동학교 고등과 제5회 졸업 기념(1926)

침 현시달이 형사 두 명을 데리고 명동중학에 나왔다가 그만 허탕을 치고 돌아갔다는 소식이 들렸다.

아슬아슬하게 위험을 피한 김홍일은 간도를 떠나 옹성라즈에서 1박하고 합파령哈巴嶺을 넘어 돈화로 돌아왔다. 갑자기 돌아온 김홍일로부터 자초지종을 들은 동지들은 그의 형 김홍익金弘翊이 장춘長春에서 큰 정미소를 경영하고 있으니 이왕이면 형님도 만나볼 겸 잠시 그곳에서 피신해 있는 것이 좋겠다고 권고하였다. 형님이 가까운 곳에 살고 있다는 소식만으로 반가움에 어쩔 줄 모르던 김홍일은 곧바로 장춘으로 가서 망명한 지 7년만에 형과 해후하였다. 1925년 늦은 가을이었다.

장춘은 중동선, 남만지선, 동청선, 길장선 등과 연결된 세 개의 철도가 만나는 교통의 요충지였다. 그리고 일본철도부속지에 소재하는 일본우체국과 전신전화 외에도 중국인 우편국과 전신전화국이 따로 있었기 때문에 어느 정도 통신의 자유를 누릴 수가 있어서 멀리 있는 동지들과 연락을 취하기에 안성맞춤이었다.

당시 김홍익이 운영하고 있던 정미소는 본국에서 만주산 좁쌀을 사러 오는 사람들과 길장선 연변에서 볏섬을 가지고 오는 교포들이 많이 모여들어 꽤 번성하는 편이었다. 이로 말미암아 김홍익의 집 사랑방에는 매일 10여 명의 손님들이 자고 가는 형편이었다. 그리하여 그곳을 왕래하는 동지들이 볏섬을 찧으러 온 손님인 체하고 하루 정도 은신해서 쉬어 가기가 편리했다. 시간이 지나면서 김홍일이 장춘에서 동지들 사이의 연락 및 통신의 사무를 맡아보고 있다는 소식이 여러 독립운동 관계자들 사이에 퍼져 나가자 김홍익의 집을 찾는 운동가들이 늘어나게 되었다. 김홍일은 형님과 상의하여 넉넉하지는 않았지만 그래도 그들에게 여비 정도의 금액을 보조해 주기도 하였다. 따라서 그가 이전에 미처 알지 못했던 다른 단체의 사람들이 찾아오기도 하고, 때로는 권총을 휴대한 독립군 모연대원들이 잠시 머무르면서 시내의 각 한인들에게 모금활동을 하다가 일본 헌병들한테 들켜 허겁지겁 쫓겨 들어오기도 했다.

장춘에서 1년여의 시간을 보내면서 김홍일은 김홍익의 권고로 결혼을 하였다. 얼마 지나지 않아 큰아들 극재克哉가 태어났다. 단란한 가정을 꾸리고 얼마간 생활인으로서의 행복을 맛보고 있었지만 김홍일의 마음 속에는 조국 독립을 위해 전장으로 나아가야 한다는 생각이 깊숙이 자리잡고 있었다.

김홍일은 장춘에서 광동과 상해 등지와도 비밀리에 자주 연락을 취하고 있었다. 그 결과 국민대표회에 참가했던 한인 청년 다수가 그동안 황포군관학교에 들어간 사실이며, 또한 대한의용군 사령관이었던 이용이 산두汕頭의 중국혁명군 포병대의 교관으로 복무하고 있다는 사실도 알게 되었다. 또 장춘의 중국인과 한인 동지들도 그에게 속히 광동으로 와서 중국북벌혁명군에 가담해 달라고 수차례 권고하였다. 만주의 동지들은 기세가 무섭게 밀려오는 파도와 같던 북벌전을 끝내고 조만간에 중일전쟁이 벌어지면 우리도 중국혁명군과 함께 일본과 싸울 수 있을 것이라고 기대하며 서서히 중국 관내에 관심을 기울이고 있었다. 하지만 가정을 꾸리고 있는 김홍일로서는 쉽게 중국 관내로 가는 것이 힘들었다.

그러던 10월 중순에 장춘의 일본헌병대로부터 출두하라는 호출이 왔다. 이미 헌병들이 정미소와 그의 집을 자주 드나들며 그를 감시하고 있었기 때문에 함부로 도망칠 수도 없는 처지라서 김홍일은 못내 꺼림칙한 기분을 억누르고 헌병대장을 찾아갔다. 헌병대장은 진작부터 김홍일의 경력을 잘 알고 계속해서 감시해 왔다고 얘기하였다. 그러면서 그동안 자기들이 감시한 결과 김홍일이 결혼도 하고 가사에만 몰두하여 양민이 되었다고 판단했는데, 최근 자신들이 입수한 정보에 의하면 전 독립군들 사이에 다시 소집명령이 내려져 당신에게도 소집령이 전달되었다는데 그게 사실이냐고 하면서 넌지시 그의 속을 떠보았다. 김홍일은 태연하게 처음 듣는 말처럼 시치미를 뗐다. 그러자 헌병대장은 그렇다면 집에 돌려보낼 것이니 집에 얌전히 있다가 무슨 일이 있거든 즉각 연락하라고 강요하였다.

김홍일은 집에 돌아와서 아내에게 일본헌병대에서 본인을 잡아넣을 것 같으니 떠날 수밖에 없다고 일러두고 여장을 꾸리자마자 대련을 거쳐 상해로 떠났다. 그는 상해를 거쳐 혁명의 바람이 몰아치는 광동廣東 산두汕頭의 동로군 총사령부를 찾아갔다. 1926년 10월 9일이었다. 그곳에서 김홍일은 혁명군의 포병교관으로 근무하고 있던 이용과 해후하였다. 또한 귀주군관학교 동창인 하집오何輯五를 만나 그곳에서 국민혁명군 총지휘부 소령으로 발령을 받았다. 이제 정식으로 국민혁명군의 참모가 되어 역사적인 북벌전에 참가하게 되었다.

국민혁명군의 참모가 되어 북벌전에 참여하다

중국국민당의 북벌

손문을 중심으로 한 혁명세력은 1911년에 무창기의武昌起義를 시작으로 무장봉기를 일으켜 청나라를 무너뜨리고 중화민국을 건설하였다. 신해혁명이었다. 그러나 반혁명 군벌세력의 총수였던 원세개는 혁명의 과실을 혼자서 차지하여 대총통이 되었다. 원세개는 1915년 3월에 혁명세력이 제정한 임시헌법인 약법約法을 뜯어고쳐 대총통의 권한을 대폭 강화시킨 신약법新約法을 제정하고, 이어 황제제도의 부활을 시도하였다. 그러나 군중들의 지탄을 받아 실패하고 결국 그로 인한 울분을 견디지 못하고 1916년 6월에 죽고 말았다.

원세개 사후 북양정부에는 패권을 차지하려는 군벌 세력들의 혼전이 시작되었다. 일단 부총통이던 여원홍黎元洪이 총통이 되어 약법을 다시 회복하고 국회를 다시 열었다. 그러나 1917년 당시 내각총리였던 단기서段祺瑞가 자신의 군벌 집단을 이용하여 마음대로 무력을 휘두르려고 하였다. 이에 국회가 단기서를 반대하자 단기서는 여원홍 총통을 협박하여 국회 해산을 강요하였다. 하지만 여원홍은 이에 굴하지 않고 단호히 단기서를 면직시켰다. 단기서가 해임되자 그를 지지하던 지방 군벌들은 여원홍의 퇴임을 주장하며 독립을 선언하였다. 이에 여원홍은 북경의 치안을 맡고 있던 장강순열사長江巡閱使 장훈張勳의 부대를 불러들였다.

그런데 장훈은 원래 제정을 신봉하고 혁명을 반대하는 완고한 군벌이었다. 따라서 북경에 들어온 후 곧바로 자신의 직위를 이용하여 1917년 7월에 쿠데타를 일으켜 국회를 해산하고 청조 선통제宣統帝인 부의溥儀를 다시 옹립하였다. 이에 분격한 혁명세력들은 각처에서 군대를 일으켜 장훈 부대와의 12일간의 싸움 끝에 장훈 부대를 패주시켰다. 이에 책임을 느낀 여원홍은 총통직에서 즉각 물러났다. 여원홍이 물러나자 북양군벌 직예파이던 부총통 풍국장馮國璋이 대총통 권한대행이 되었고, 단기서는 다시 내각총리 자리에 올랐다. 이로써 직예파의 풍국장과 안휘파의 단기서는 중국에서 가장 영향력 있는 군벌로 성장하게 되었다.

내각총리가 된 단기서는 즉시 군권을 장악하였다. 이어 합법적인 국회를 무시하고 자기 마음대로 신국회를 소집하기에 이르렀다. 이에 손문은 자신을 지지하는 의원 130여 명과 혁명에 동조하는 해군 함대를 거느리고 광동廣東으로 가서 서남 각성에 진을 치고 있던 여러 군벌들의 협력을 얻어 새로운 정부를 구성하고 호법군護法軍을 결성하여 호법전쟁을 선포하였다. 그러나 손문의 정부는 당시 중화민국의 약법을 기반으로 한 것이 아니라 서남 지역 군벌세력들로 수립된 군정부였다. 손문의 직위 역시 대총통이 아닌 군통수권자를 뜻하는 대원수였다. 이는 광동 군정부와 손문의 기반이 불안정하다는 것을 의미했다.

역시 호법전쟁도 순조롭게 진행되지 않았다. 얼마 후 광동군정부 내에서 손문의 지위에 너무 큰 권력이 집중되어 있다는 비판이 제기되었다. 이에 광동군정부는 7인의 선출직 위원을 기반으로 하는 국무위원회를 구성하였다. 반대파와 군벌에 의해 밀려난 손문은 1918년 5월에 대원수직을 사임하고 상해로 떠났다.

그 무렵 북경정부에서는 풍국장의 임기가 끝나고 서세창徐世昌이 대총통이 되었다. 서세창의 북경정부는 연합국의 일원으로 독일에 선전포고를 하였다. 그러나 제1차 세계대전 종전 이후 일본이 산동성의 조차를 포함한 21개조 요구를 북경정부가 거부하지 못하자 북경에서 일본과 북경정부를 반대하는 대규모 시위가 5월 4일에 일어났다. 학생들이 주를 이루었던 이 시위는 지식인을 비롯한 많은 중국인들의 민족감정을 촉발하여 5·4운동으로 발전하였다.

5·4운동은 중국에 공화주의 운동을 되살리는 기폭제가 되었다. 손문은 1919년 10월에 상해에서 국민당을 재건하고 삼민주의에 기초한 손문학설과 건국방략을 발표하였다. 1921년에는 광동군벌 진형명陳炯明의 도움으로 광동의 정국을 수습하고 다시 비상국회를 소집 하여 광동국민정부의 대총통이 되었다. 그리고 이전에 내분으로 중단되었던 호법전쟁을 다시 수행하기 위해 북벌령을 내렸다. 당시 손문은 서구 열강으로부터 원조를 구했으나 실패하였다. 이에 당시 중국혁명을 서양제국주의에

대항하는 전선의 일환으로 파악하고 있던 소련과 외교관계를 맺었다. 하지만 또 얼마 지나지 않아 국민당을 구성하고 있던 군벌들이 분열하였고, 광동군벌 진형명의 쿠데타가 발생하여 손문은 다시 상해로 망명할 수밖에 없었다.

이때 북경정부에서는 군벌들의 불화로 내란이 자주 일어났다. 1922년에는 봉천군벌과 벌인 직봉전쟁에서 오패부의 직예파 군벌이 승리하여 북경정부의 실권을 장악하게 되었다. 서세창이 할 수 없이 1922년에 대총통직을 사임하고 여원홍이 임시로 복직하였으나 1923년에 또 다른 직예파 군벌인 조곤曹錕이 의원들을 매수하여 총통직에 당선되었다.

그러나 조곤도 오래가지는 못했다. 직예파와 장작림張作霖이 이끄는 봉계군벌이 1924년에 다시 충돌하여 제2차 직봉전쟁이 일어난 것이었다. 처음에는 오패부의 직예파 군대가 우세하였으나 그의 부하 중 풍옥상馮玉祥과 조곤이 오패부에 크게 실망하여 직예파를 배신하고 봉천파에 가담하면서 상황은 역전되었다. 결국 봉계군벌이 제2차 직봉전쟁에서 승리하고 오패부는 호북성湖北省으로 도망갔으며, 북경정부의 권력은 풍옥상과 장작림에 의해 집정으로 선임된 단기서가 나누어 가졌다.

한편 상해로 망명해 있던 손문은 코민테른과 손을 잡고 소련과의 관계를 더욱 긴밀히 유지하였다. 1923년 1월에는 소련 대표 요페Joffe와 공동선언을 발표하여 연소용공聯蘇容共의 정책적 기조를 다졌다. 2월에 광동으로 돌아와서 대원수로 재취임한 손문은 소련 대표와 중국 통일을 위한 동맹을 맺었고, 소련 정부는 광동주재 상설대표로 미하일 보로딘Mikhail Borodin을 파견하였다. 그리고 마침내 광주에서 1924년 1월에 열린 중국국민당 제1차 전국대회에서 공식적으로 제1차 국공합작이 결성되었다. 또한 손문은 1923년 가을에 장개석蔣介石을 모스크바로 파견하여 코민테른의 도움을 받으며 공산당군 조직과 훈련상황을 시찰하게 하였다. 그해 말 중국으로 돌아온 장개석은 국공합작의 일환으로 1924년에 설립된 황포군관학교의 초대 교장이 되면서 점차 손문의 후계자로 주목받게 되었다.

북경정부의 단기서, 장작림, 풍옥상 등 군벌들은 1924년 11월에 광동의 혁명정부에 통일을 위한 회담을 제기하였다. 남북 간의 평화적 통일을 염원한 손문은 북경으로 가서 국민의회 소집과 불평등조약의 즉시 폐기를 거듭 주장했으나 군벌들의 반대로 받아들여지지 않았다. 손문은 북경에서 암으로 앓아눕게 되었고, 1925년 3월 12일에 "혁명이 아직 성공하지 못했으니 동지들이여 계속 노력하라"는 유언을 남기고 파란만장한 생애를 마쳤다.

손문의 사망으로 구심점이 사라진 국민당은 그해 7월 1일에 집단지도체제의 국민정부를 수립하고 국민당군을 국민혁명군으로 개칭하여 북벌을 시작하였다. 국민정부는 광동 전역에 대한 지배권을 확립하였다. 그리고 1926년 3월에 일어난 중산함사건을 계기로 국민당과 국민혁명군에서 지도권을 재확립한 장개석은 그해 6월 5일에 열린 국민당 중앙집행위원회에서 국민혁명군 총사령관에 임명되었으며, 북벌이 공식적으로 선언되었다.

이에 따라 국민혁명군 총사령관 장개석은 1926년 7월 9일에 전군에 동원령을 내리고 제국주의와 매국 군벌을 타도하여 인민의 통일정부를 건설하기 위한 북벌전쟁을 시작하였다. 당시 국민혁명군의 병력은 광동, 광서의 7개 군과 호남성의 1개 군을 포함하여 약 20만 명에 달했다. 북벌의 대상은 당시 호남과 호북, 하남 등 3개 성을 점령하고 있던 오패부와 강서, 복건, 안휘, 절강, 강소 등 5개 성을 점령하고 있던 손전방孫傳芳 등 직예파 군벌과 황하 이북을 점령하고 있던 봉천군벌인 장작림 세력이었다.

북벌군은 순조롭게 북진을 거듭하였다. 부패한 데다가 서로 분열하여 대립하고 있던 군벌세력들은 하나 둘씩 격파되었다. 우선 무창과 한구에 주둔하고 있던 오패부 군벌에 대한 공격을 시작하였다. 먼저 호남으로 진격하여 7월 11일에는 장사長沙를 점령하고 이어 9월 6일과 7일에는 한양漢陽과 한구漢口를 점령하였다. 10월 10일에는 무창을 잇달아 점령하였다. 오패부의 대부대는 대부분이 국민혁명군에 투항하고 오패부는 하남성으로 도망쳐 버렸다. 이렇게 호남과 호북성이 국민혁명군의 영향권 안으로 들어오게 되었다.

다음은 손전방 군벌군 차례였다. 국민혁명군은 무한을 점령한 기세를 이용하여 계속 강서와 안휘성을 석권하면서 손정방군을 공격하였다. 11월 8일에는 손전방의 주력군을 분쇄하고 남창南昌을 점령하여 강서성을 장악하고, 이어 남경을 향해 진군하였다.

김홍일이 중국 관내로 이동하여 국민혁명군에 복귀한 시점은 이렇듯 북벌전쟁이 불타오르던 시기였다. 또한 주목할 점은 당시 황포군관학교를 졸업한 김원봉 등 의열단원들과 다른 많은 한인 청년들이 이 북벌전쟁에 참가했다는 사실이다.

승승장구 북벌에 참가하다

김홍일은 다시 중국 관내로 이동하여 1926년 10월에 국민혁명군에 복귀하였다. 이 무렵 국민혁명군은 북벌을 진행하고 있었고, 김홍일은 총지휘부의 소령 참모로 북벌전에 참여하게 되었다. 그는 북벌전에 참가하면서 진급을 거듭하였다. 소령 임관을 시작으로 1926년 12월에는 중령으로 진급하였고, 이듬해 3월에는 대령으로 진급하여 총지휘부의 인사국장으로 보직되기에 이르렀다.

한편, 국민혁명군의 북벌도 계속되어 1927년 3월에는 상해와 손전방의 본거지인 남경을 함락시켰다. 하지만 북벌전의 승리가 계속되면서 국민당 내부의 갈등이 심해져 갔다. 여기에 국공합작으로 국민당에 편입된 중국공산당과 소련에 대한 태도가 갈등을 심화시켰다. 1926년 10월에 무한을 점령하고 12월에 당정의 최고 정책결정기구로 성립된 '국민당 중앙집행위원회와 국민정부위원회 임시연석회의'는 중앙당부와 국민정부를 무창에 둘 것을 결의하였다.

이 회의에 참석한 인사들은 진우인陳友仁, 송경령宋慶齡, 진공박陳公博, 송자문宋子文 등 반장개석 성향의 국민당 좌파에 속한 인물들과 중국공산당 당원들이었다. 이 결정으로 무한국민정부가 수립되었다. 장개석은 무한국민정부와 갈등과 대립이 심해지자 1927년 4월 12일에 호한민胡漢民, 채원배蔡元培, 오치휘吳稚輝 등 국민당 우파 원로들의 지지를 얻어 쿠데타를 결행하고 상해의 노동자들에 대한 대규모 학살을 감행하였다. 이에 무한국민정부는 4월 17일에 장개석의 당적을 박탈하고 체포령을 내렸다. 그러자 국민당 우파의 집행위원과 감찰위원들은 4월 18일에 장개석과 함께 남경에서 독자적인 국민정부를 수립하였다. 북벌을 하는 와중에 무한과 남경에 두 개의 국민정부가 수립된 것이었다.

그런데 남경에 국민정부가 세워진 4월 18일에 국민혁명군에서는 이를 축하하기 위해 대열병식을 거행하였다. 열병의 수열관은 장개석 총사령관이었고, 제병지휘관은 동로군 지휘관 하응흠何應欽이었다. 당시 김홍일은 총지휘부 내에서 승마에 가장 능하다고 하여 제병지휘관의 연락참모로 발탁되었다. 그는 수많은 장병들이 도열한 가운데 제병지휘관인 하응흠 장군과 함께 나란히 말을 타고 전군을 누비며 달렸다. 국민혁명군 장교이기는 하지만 엄연히 외국인인 김홍일의 입장에서는 매우 큰 영예였을 것이다. 당시 열병식을 관람한 남경의 한인 교포들과 학생들도 자긍심을 느끼고 크게 기뻐했다고 한다.

그런데 열병식이 끝난 바로 그날 저녁부터 국민혁명군 내부에서 공산당에 대한 숙청작업이 시작되었다. 게다가 무한국민정부도 급속히 반공노선으로 기울어 가고 있었다. 군지휘관들이 반공으로 돌아섰고, 이어 왕정위王精衛 등 국민당 좌파도 민중운동을 억압하는 입장으로 기울어져 갔다. 결국 무한국민정부는 보로딘을 비롯한 소련 고문들의 직위를 해제한 데 이어 7월 15일에 중앙상무위확대회의를 소집하여 공산당을 불법단체로 규정지어 버렸다. 그보다 이틀 전인 13일에는 중국공산당 중앙지도부가 국민정부에 참가하고 있던 공산당의 철수를 선언했다. 이로써 3년 7개월간 지속되어 오던 제1차 국공합작이 붕괴되었다. 국공합작 붕괴 이후 중국공산당은 코민테른의 지령에 따라 무장봉기 노선으로 급선회하였다. 하지만 이 노선은 국민당군의 압도적인 무력에 밀려 실패하였다. 12월 광주코뮌은 그 실패의 정점이었다.

한편 김홍일은 국민혁명군의 남경 점령 이후 대령으로 진급하여 총지휘부의 인사국장이 되었다. 인사국장은 단지 군 내부의 인사행정만을 담당하는 것이 아니라 군이 점령하고 있던 지역 내의 모든 행정을 담당하는 자리였다. 북벌전쟁 중에 군정이 실시되었기 때문이다. 즉 군이 점령한 지역의 현장, 경찰서장, 징세관 등의 인사를 좌지우지하는 절대적인 권한을 행사할 수 있는 자리였다. 당시 이미 부패할 대로 부패한 국민당정부에서 세금을 거둬들이는 직위에 있는 사람들의 인사권을 가지고 있는 인사국장의 자리는 그야말로 비결肥缺(수지맞는 살찐 자리)이었다.

상당한 액수의 뇌물을 가지고 청탁을 오는 자들이 줄을 잇고 있었기 때문에 마음만 먹는다면 엄청난 재산을 모을 수도 있었다. 견물생심見物生心이라고 김홍일도 인간인지라 큰 액수의 뇌물 앞에 마음이 흔들리기도 하였다. 그러나 뇌물 공세에 넘어갈 수는 없는 노릇이었다. "옳은 일을 위하여 목숨을 바치기로 이미 결정하고 싸움터에 나선 나마저 그런 사회악에 물들 수는 없다는 생각"은 생색이라 하더라도 외국인의 신분으로 대령 계급장을 달고 인사국장이라는 고위직에 오른 김홍일로서는 다른 중국인들과 마찬가지로 뇌물을 받아 치부하는 것은 매우 위험한 일이었다. 그가 중국국민당군에서 소장까지 진급한 데에는 바로 이런 과정에서 겪은 자기 수양이 있었던 것으로 보인다.

김홍일은 전투부대의 지휘관으로 직접 전투에 참여할 수 있는 기회를 얻었다. 절강성浙江省의 수비를 위해 새로 조직된 독립경비연대의 부연대장 겸 제1대대장으로 임명된 것이었다. 김홍일은 그동안의 참모 생활과 인사국장의 경력을 활용하여 각 부대의 우수한 장교들을 차출하여 병력을 구성하였다. 그의 이러한 노력은 이후 전투의 승리로 돌아왔다.

전투의 기회는 곧 찾아왔다. 김홍일의 부대가 22사단에 소속되어 용담전투龍潭戰鬪에 참가하게 된 것이었다. 용담전투는 양자강 이북으로 밀려난 손전방군이 다시 도강하여 남경을 위협함으로써 비롯된 것이었다. 1927년 8월 6일부터 8월 31일까지 남경 동쪽 일대의 용담에서 일어난 전투에 국민혁명군은 1군 21·22사단, 북경정부에서는 안국군安國軍 10여 개 사단이 참전하였다.

당시 항주杭州에 주둔하고 있던 김홍일의 독립경비연대는 진강鎭江의 백숭희白崇禧 장군사령부로 출동하라는 명령을 받았다. 김홍일은 병원에 입원해 있던 연대장을 대리하여 전연대 병력을 이끌고 사령부로 찾아갔다. 곧 김홍일의 독립경비연대는 용담의 22사단에 파견되었다. 북경정부군이 양자강을 건너올 때 그곳을 방위하던 22사단이 많은 피해를 입어 사단을 지탱하기 힘들기 때문이라고 하였다. 22사단으로 간 김홍일은 곧 1개 대대를 사단보위를 위한 예비부대로 남겨 놓고 나머지 2개 대대를 거느리고 사단 우측의 진지에 포진하였다.

김홍일의 연대가 담당한 전선은 논이라서 물이 무릎까지 차는 데다가 한창 익어가는 벼들에 발이 칭칭 감겼기 때문에 아무리 민첩한 군인이라도 자유롭게 몸을 움직이기가 힘들었다. 김홍일은 연대장이긴 했지만 이제 소집된 지 1달 밖에 안 된 부대였기 때문에 김홍일의 뜻대로 움직여 주지 않아서 부득이 적의 소총 사정거리 안까지 들어가 대대장 이하

전 장병들을 독려해야 했다. 그는 기관총 사격의 간격을 틈타 한 논두렁씩 전진하는 돌격 전법을 썼다. 조금만 방심하면 적도 그런식으로 돌격해 올 형편이었으므로 잠시도 긴장감을 늦출 수가 없었다. 전투 첫날에 벌써 중대장 한 명, 소대장 두 명 그리고 30여 명의 사병이 전사했다. 그런 식으로 8월 28일 새벽부터 8월 31일까지 4일간 전투가 계속되었다. 양자강을 배수진으로 삼고 있던 북경정부군은 상해에서 급파된 국민혁명군 함대가 양자강에 진출함으로써 완전히 포위되었다. 결국 일부 병력은 뗏목을 타고 도망치고 나머지 대부분은 투항하였다.

용담전투는 북벌전쟁의 역사에서 유례가 없는 대섬멸작전 중 하나였다. 쌍방간의 전사자가 2만여 명을 헤아렸다. 이 전투에서 22사단은 3만여 명의 적병을 포로로 잡는 전과를 올렸고, 모든 장병들은 영웅 대우를 받았다. 김홍일은 국민정부로부터 공로장을 수여받았다. 그가 받은 첫 훈장이었다.

그리고 1928년 1월에 일시적으로 하야하였던 장개석이 국민혁명군 총사령에 복직하게 되었다. 다시금 국민당 내에서 그의 군사적, 정치적 주도권이 확립되었다. 이를 바탕으로 4월 4일에는 총 70만여 명의 북벌 연합군을 조직하여 북벌을 재개하였다. 북방에는 봉계군벌인 장작림을 중심으로 직예군벌인 오패부, 손전방, 장종창張宗昌 등의 부대가 잔존하고 있었으나, 그들은 이미 전의를 잃은 상태였다. 이들은 북벌군의 공격을 받자 도망가기에 여념이 없었다.

김홍일도 양자강 이북의 북벌전에 참여하였다. 그는 이 무렵 총사령부로 자리를 옮겨 당시 중국군의 병기 현황과 탄약 공급을 책임지는 직책인 군기처軍械處 통계과장의 보직을 받아 활동하였다. 당시 중국군의 병기는 전혀 표준화 되어 있지 않았다. 소총만 하더라도 일제 65구경, 독일제 79구경, 러시아제 76구경 등 여러 가지 종류가 섞여 있었다. 기관총이나 대포도 마찬가지였다. 김홍일은 그것들을 각 부대별로 혹은 각 병기별로 분류하여 통계를 내고, 각 전투의 양상과 치열함을 참작하여 탄약과 병기의 보충계획을 세워야 했다. 그리고 보충계획에 따라 각 병공창에 매월 각종 병기와 탄약의 제조량을 통고하고 발주 명령을 내려야 했다. 이는 극히 복잡하고 까다로운 일이었다.

그러던 중 1928년 4월에서 5월까지 벌어진 제남사변濟南事變 당시에는 탄약 보급 임무를 맡아 제남으로 향하기도 했다. 즉 일본은 4월 19일에 2차 산동성 출병을 선언하고, 4월 20일부터 제6사단을 주력으로 한 일본군을 파견하여 산동성의 수도인 제남으로 진입하였다. 이에 국민혁명군이 5월 1일에 제남으로 입성하고, 5월 3일에는 대규모 시가전이 벌어졌다. 일본은 5월 7일에 일본인 거류민의 사망을 트집잡아 3차 산동성 출병을 선언하고 8일부터 맹렬한 공격을 개시하였다. 국민혁명군은 많은 사상자를 내고 제남에서 퇴각할 수밖에 없었다.

이때 전방지휘소를 따라 태안에 주둔하고 있던 김홍일은 5월 2일에 탄약을 보급하기로 독단적으로 결정을 내리고 탄약 열차 2량을 직접 지휘하여 제남을 향해 떠났다. 태안에서 제남까지는 10여 개의 역을 통과해야 했다. 그런데 역마다 보급품을 실은 열차들이 가득 차 있어서 역을 통과하기가 곤란했다. 하지만 그는 탄약 열차의 중요성을 설명하며 가까스로 각 역을 통과하여 5월 3일 새벽에 제남역까지 두 역을 앞둔 작은 역에 도착했다. 그곳 수송사령관은 지금 제남에서 중국군과 일본군 사이에 충돌이 발생한 관계로 일체의 열차를 통과시키지 말라는 명령을 받았다고 하면서, 탄약 열차라고 하더라도 통과시킬 수 없다고 하였다.

김홍일은 수송사령관의 입을 통해 중일 간에 무력충돌이 일어났다는 말을 듣는 순간 꼭 제남에 가야겠다는 결심을 했다. 그는 대령이라는 직위를 이용해서 "모든 책임은 대령인 내가 질테니 당신은 걱정하지 말라"고 하고 열차를 출발시켰다. 그리하여 김홍일은 제남역에 무사히 도착하여 전방사령부로 찾아가 참모장인 양걸楊杰 장군을 만났다. 그러나 양걸 참모장은 북벌 완수를 위해 일본군과의 충돌은 가급적 피해야 하니 탄약열차를 다시 태안으로 몰고 가서 대기하라고 명령하였다. 억울하지만 어쩔 수 없는 일이었다. 울분을 곱씹으면서 제남역으로 온 김홍일은 아쉬움을 달래고자 근처에 일본군이 점령한 기관차 차고로 가서 일본군 기관차 2량을 탈취해서 제남역을 빠져나왔다.

한편 북벌은 제남을 제외하고는 순조롭게 진행되었다. 장개석은 제남사건을 일으킨 일본을 국제연맹에 제소하는 한편, 일본군과의 전투를 피하기 위해 제남을 우회해서 북벌을 계속하였다. 국민혁명군은 1928년 5월 13일에 덕주德州, 6월 2일 창주滄州를 점령하였다. 북경을 점령하고 있던 봉계군벌 장작림은 5월 9일 장개석에게 정전을 제안하면서 '국내 정치문제에 대해서는 국민의 여론에 따르겠다'고 선언하고는 이어 5월 17일부터는 봉천군이 만주로 철수하기 시작하였다.

장작림은 6월 3일에 열차편으로 북경을 떠났다. 장작림을 태운 열차는 봉천에 도착하기 직전인 4일 오전 5시 무렵 황고둔皇姑屯에서 폭파되었다. 장작림은 중상을 입었다가 곧 사망하고 말았다. 일본 관동군의 소행이었다. 관동군은 장작림이 사망하면 만주 전역에 큰 혼란이 일어나고 그에 따라 군사행동의 명분을 얻어 출병할 수 있을 것이라고 판단하였다. 그리하여 만주 지역을 관동군의 통제 아래 두려고 하였다. 그러나 사태는 전혀 다른 방향으로 진행되었다.

장작림의 아들로 그의 뒤를 이은 장학량張學良은 자기 아버지의 사고 배후에 일본이 있음을 눈치채고, 그가 점거하고 있는 북경을 전투없이 평화적으로 혁명군에 넘겨주겠다고 알려왔다. 그리하여 북벌군은 6월 8일에 전투도 없이 북경에 입성했고, 12일에는 천진을 점령했다.

6월 15일에 북경에 들어온 장개석은 북경 교외 벽운사에 있는 손문의 무덤 앞에서 '북벌의 완성'을 선포하였다. 이미 국민정부에 귀순할 뜻을 밝혀온 장학량은 일본의 노골적인 협박에도 불구하고 그의 지배 아래에 있는 봉천, 길림, 흑룡강 등 동북 3성에 청천백일기青天白日旗를 게양했다. 그리고 국민정부는 장학량을 동북변방 총사령관으로 임명했다. 마침내 북벌이 끝난 것이었다. 장개석의 국민당은 형식적으로나마 중국을 통일하는 데 성공하였다.

김홍일도 북벌의 완료를 기뻐했다. 자신이 중국 관내로 들어와 중국 혁명에 참가한 1차적인 목표가 달성된 것이다. 하지만 김홍일로서는 마냥 기뻐할 수는 없었다. 그의 입장에서는 중국혁명의 성공이 조국의 독립으로 이어져야 했다. 중국혁명군이 기세를 몰아 일본군과 전쟁을 벌였으면 좋았을 것이라고 생각하였다. 만일 국민정부가 장학량과 협상하지 않고 그냥 산해관山海關 바깥까지 밀고 쳐들어갔더라면 분명 일본군과도 충돌하여 중일전쟁이 터졌을 것이고, 그렇게 되면 김홍일은 바라던 바대로 일본군과 전투를 벌일 수 있을 것이었다. 김홍일은 일본과의 싸움을 피하는 중국국민당의 태도에 못내 섭섭한 감정을 버릴 수 없었다.

김홍일은 어떻게든 조국의 독립을 위한 투쟁에 자신의 힘을 쏟고 싶었다. 그리고 머지않아 기회가 찾아왔다.

한인애국단의 의거를 지원하다

한인애국단원 김홍일

한국독립운동사에서 김홍일이라는 이름이 널리 알려지게 된 것은 한인애국단의 의거를 통해서였다. 한인애국단의 의거 중 특히 이봉창 의거와 윤봉길 의거는 김홍일의 결정적인 역할로 성공할 수 있었다.

1920년대 중반 이후 임시정부는 어려운 상황에 처해 있었다. 1923년에 개최된 국민대표회의가 임시정부 문제를 둘러싸고 창조파와 개조파로 나뉘어 대립하다가 결렬되었고, 1925년에는 이승만 대통령이 탄핵을 당하기도 하였다. 이로 인해 내부적으로 세력의 분열과 혼란에 휩싸이게 되었다. 이러한 혼란을 수습하고 극복하기 위한 방안으로 추진되었던 유일당 운동도 결렬되면서, 임시정부는 조직을 유지할 수 없을 정도로 극심한 침체상태에 빠지게 되었다. 임시정부 인사들은 민족주의 세력을 중심으로 1930년 1월에 한국독립당을 창당하여 활로를 모색하고자 하였지만, 어려운 상황은 쉽게 타개되지 못하고 있었다.

1931년에 발생한 만보산사건과 만주사변은 임시정부의 상황을 더욱 어렵게 만들었다. 길림성 만보산에서 한중 농민 간에 수로문제를 둘러싸고 마찰이 일어났을 때, 일본의 이간과 허위보도로 인해 서울, 인천, 신의주 등 국내 여러 도시에서 중국인들을 습격하여 살해하는 일이 벌어졌고, 만주에서는 이에 대한 보복으로 중국인들이 한국인들을 살해하는 일이 빈발하였다.

이어 일어난 만주사변도 임시정부를 어렵게 만들었다. 만주에 있던 일본의 관동군은 봉천에서 남만주 철도를 폭파하고, 이를 빌미로 무력으로 만주를 침략하여 점령하였다. 일제가 만주를 점령함으로써, 임시정부의 인적·물적 기반이 커다란 타격을 입게 되었다. 여기에 일부 친일적 한인들이 일제의 힘을 배경으로 중국인들에게 여러 가지 악행을 저지르는 일도 발생하였다.

이러한 일들로 인해 중국인들의 한국인에 대한 증오와 적대 행위가 확산되고 있었고, 중국인들의 반한反韓 감정도 고조되고 있었다. 중국 영토 안에서 활동하고 있던 임시정부로서는 중국과의 관계나 한중 양 민족의 관계에 크게 영향을 받지 않을 수 없는 상황이었다. 그런데 두 사건 이후 중국인들이 한인들을 적대시하게 되고, 심지어 임시정부가 있는 상해에서도 길거리에서 한인들과 중국인들 간에 충돌이 일어나기도 하였다. 이로써 임시정부의 상황은 내외적으로 곤경에 처하게 되었다.

임시정부는 이러한 난국을 타개하기 위해 의열투쟁을 모색하였다. 의열투쟁은 임시정부의 난국을 타개하고 새로운 독립운동의 활로를 모색하기 위한 방안으로 계획되었다. 이를 위해서 임시정부는 수입금의 반액을 특무대에 지급하기로 하고, 계획 및 활동 등에 관한 모든 책임을 김구에게 맡겼다. 김구는 의열투쟁을 수행할 기관으로 한인애국단을 조직하였다.

한인애국단의 첫 단원은 이봉창이었다. 일왕을 처형하겠다는 큰 뜻을 품고 임시정부를 찾아온 이봉창이 1931년 12월 13일에 거사를 치르기 위해 일본으로 향할 행장을 갖추고 김구를 찾아오자, 김구는 그를 안공근의 집으로 데리고 가서 한인애국단에 입단시키고, "나는 한인애국단의 일원이 되야 적국의 수괴를 도륙하기로 맹서하나이다"라는 선서를 하도록 하였다. 이봉창의 입단과 더불어 임시정부의 특무활동을 위한 기구로 조직된 한인애국단의 활동이 본격적으로 시작되었다.

그러나 한인애국단은 결성 자체가 철저한 비밀에 붙여진 단체였다. 조직의 존재 자체마저 임시정부 관계자 일부만이 알고 있을 뿐이었다. 한인애국단의 존재가 대내외에 알려지게 된 것은 이봉창과 윤봉길의 의거 직후에 김구의 명의로 「동경작안의 진상」이 발표된 1932년 10월 말 이후였다. 그런 탓에 한인애국단의 단원 역시 분명치 않다. 단원을 미리 모집하는 일도 없었고, 창립식도 거행하지 않았다. 다만 단장인 김구가 특무활동을 준비하고 계획하는 과정에서 특무활동을 결행할 인물을 선정하고, 그와 상호 충분한 협의를 거쳐 태극기 앞에서 입단 선서문을 목에 걸고 사진을 촬영하는 것으로 입단식을 대신하곤 하였다. 김구가 단원 명단을 발표한 일도 없고, 각종 성명서에 단원이 서명한 일도 없다.

또한 가명도 많이 사용하였다. 각종 특무활동을 결행하거나 준비 중에 일제에게 붙잡혀 정확한 명단이 알려진 경우 외에는 단원들의 명단을 확인할 방법이 없다. 일제의 정보기관은 한인애국단의 인원을 80여 명으로 추정하고 있었다. 현재 여러 연구에서 각종 기록에 보이는 이름을 종합해 작성한 애국단원의 명단은 다음과 같다.

단장: 김구

단원: 안공근, 김동우, 김해산, 엄항섭, 김홍일王雄, 안경근, 손창도, 김의한, 백구파(백정기), 김현구, 손두환, 주엽, 양동호, 이덕주, 유진식(유진만), 이봉창, 윤봉길, 유상근, 최흥식, 이수봉, 이성원, 이성발, 왕종호, 김철, 이국혁, 노태영, 김긍호

한인애국단의 다른 단원들과 마찬가지로 김홍일 역시 애국단에 가입했다는 기록은 찾기 힘들다. 오히려 김홍일 자신의 언술 속에는 애국단원이 아니었다고 판단할 수 있는 가능성이 있다. 김홍일이 "그 즈음 김구 선생이 주관하시던 애국단 단원 중에 이봉창이라는 애국 동지가 있었는데"라고 언술한 것을 보면 마치 자신은 애국단원이 아니었다는 것처럼 말했다. 다만 애국단원의 범위를 어디까지 볼 것이냐에 따라 '애국단원 김홍일'의 문제를 추적해 볼 수 있다. 애국단원을 이봉창, 윤봉길과 같이 직접 의거를 실행하는 특무대원에 한정한다면 김홍일은 애국단원이 아니라고 할 수 있다. 하지만 좀 더 큰 범위에서 의거를 지원하는 이들까지 애국단원이라고 확장할 수 있다면 분명 김홍일은 애국단원으

로 간주할 수 있다.

당시 김홍일의 지위와 직무를 살펴보면 이에 대한 해답을 찾을 수 있다. 중국국민혁명군의 북벌전이 끝난 후 김홍일은 오송吳淞요새사령부의 참모장을 거쳐 상해 병공창의 병기창 주임으로 근무하고 있었다. 병기창 주임이 담당한 업무는 청국 때부터 쭉 내려오면서 각 창고마다 가득 쌓여 있는 각종 병기와 탄약 중에서 다시 쓸 수 있는 것과 쓸 수 없는 것을 구별하여 수리할 것은 수리하고 폐기할 것은 폐기할 수 있도록 정리하는 일이었다. 그밖에도 각 병공창에서 새로 만든 제품을 접수하여 그것을 각 군의 형편에 맞게 적절히 배분하는 임무도 있었다. 병기창 주임에게는 얼마간의 권총과 수류탄을 언제든지 공급할 수 있는 재량권이 있었다. 김홍일은 마음먹기에 따라 우리 독립운동단체에서 필요로 하는 무기를 어느 정도까지는 공급할 수 있는 능력을 가진 지위에 있었다.

그런데 중국정부에서는 1931년 여름에 예년과 같이 각국에 군사유학생을 선발하여 보내는 계획을 발표하였다. 김홍일은 8명을 모집한 야전포병학교 시험에 응시하여 합격하였다. 합격생들은 일본으로 유학을 가게 되어 있었다. 합격생들은 모두 남경훈련총감부에서 약 2주일 동안 유학생 예비교육을 받고, 기선 편으로 일본으로 떠나기 위해 상해에서 대기 중이었다. 하지만 상해를 떠나기 바로 이틀 전인 9월 18일에 만주사변이 발발하였다. 만주사변의 발발로 유학생들의 일본 유학 계획은 취소되었다. 김홍일은 곧 원대복귀 명령을 받아서 다시 상해 병공창으로 돌아와야만 했다.

김홍일은 만주사변의 발발 소식을 듣고 이제서야 일본과 전쟁을 벌일 수 있다는 마음에 흥분을 가누지 못했다. 그는 상해로 돌아오기 전에 남경에 있던 신익희를 비롯한 독립운동가들과 중국 동지들을 만나 밤을 새워가며 효과적인 항일전선을 형성하기 위해 한중이 합작해야 한다는 문제를 놓고 토론을 하였다. 9월 20일에 상해로 돌아온 김홍일은 국민당 중앙정치회의와 참모본부에 근무하는 이들을 만나 향후 중국정부가 일본에게 취할 태도에 관해 물어보았다. 그러나 그들의 답변은 김홍일을 실망시켰다. 중국정부는 소위 안내외양安內外攘 정책을 수립하고 일본을 국제연맹에 제소하는 수준에 그치고 말았다. 만주사변을 계기로 일본과 전쟁을 치르려고 했던 김홍일의 기대는 이루어지지 않았다.

중국정부의 소극적인 대일정책에 분개한 우리 독립운동가들은 어떻게 해서든지 중국의 민심을 자극하여 정부에 압력을 가함으로써 기필코 중일전쟁을 일으키고자 하였다. 그리고 그 역할을 한인애국단이 맡았다. 상해에서 애국단의 거사를 수행할 무기를 관할하고 있는 사람이 김홍일이었고, 그는 한국애국단의 의거를 지원하기 위해 무기를 조달하는 역할을 스스로 맡았다. 김홍일은 한인애국단의 의거 중에 이봉창의 동경 일왕저격 의거, 출운호 폭파 계획, 일본의 상해파견군 무기창고 폭파 계획, 윤봉길의 홍구공원 의거에 직간접적으로 관련되어 있다.

이봉창의 동경 일왕저격 의거를 지원하다

먼저 김홍일은 이봉창의 동경 일왕저격 의거에 폭탄을 제공하였다. 한인애국단에서 이루어진 첫 의거의 주인공은 이봉창이었다. 1931년 1월 중순 상해에 도착하여 바로 임시정부를 찾아간 이봉창은 김구를 만나 자신이 살아온 길과 자신이 하고 싶은 일을 다 털어놓았다. 김구는 서로 피차 속마음을 다 털어놓았다고 하면서, 이봉창이 한 말을 다음과 같이 기록하였다.

> 제 나이 31세입니다. 앞으로 다시 31년을 더 산다해도 과거 반생에서 맛본 방랑생활에 비한다면 늙은 생활에 무슨 취미가 있겠습니까. 인생의 목적이 쾌락이라면 31년 동안 인생의 쾌락은 대강 맛보았습니다. 그런 까닭에 이제는 영원한 쾌락을 얻기 위하여 우리 독립사업에 헌신하고자 상해에 왔습니다.
>
> – 김구, 『백범일지』

이렇듯 이봉창은 김구에게 자신은 독립운동을 위해 상해에 왔으니, 자신을 지도해 달라고 요청하였고, 김구는 이봉창이 큰 뜻을 품은 것을 확인하고 이를 받아들였다. 이로써 김구와 이봉창은 일왕의 처단을 추진하게 되었다. 일왕이 육군의 관병식觀兵式을 관람하기 위해 황궁을 나서서 마차를 타고 이중교二重橋를 지나 거리로 나설 때, 이봉창이 맞은 편 길가에서 군중들과 함께 일왕을 향해 공손히 절을 하는 체 하다가 폭발물을 던져 일왕을 처단하려는 계획이었다. 일왕 처단을 위한 준비는 김구가 맡았다. 가장 중요한 준비물은 폭발물이었다. 당시 관례로 보아 일왕이 타고 가는 마차와 군중들이 도열한 곳까지의 거리는 최소한 100미터 이상이었다. 이봉창은 김구에게 100미터 이상의 거리에서 던져도 일왕을 저격할 수 있는 폭탄을 요구하였다.

김구는 이러한 내용을 김홍일과 상의하였다. 김홍일은 이 말을 듣고 곰곰이 생각을 해보았다. 보통 100미터 이상 떨어져 있는 목표물에 수류탄을 던지면, 실수 없이 명중시키기 힘들었다. 그는 고심 끝에 폭발력은 약하지만 중량이 가벼워서 멀리 던질 수 있는 데다가 불발탄이 없고 휴대하기가 간편하다는 장점이 있는 마미麻尾수류탄을 구하기로 하였다. 김홍일은 마미수류탄 2발을 구해 김구에게 전달하였다.

한편 『백범일지』에 따르면 김구는 수류탄 하나는 당시 상해 병공창에서 근무하던 김홍일로부터 구하고, 다른 하나는 김현金鉉을 시켜 하남성河南省의 장군 유치劉峙에게서 구입하여 몰래 감추어두게 하였다고도 한다. 수류탄 하나는 일왕을 폭살하기 위한 것이었고 또 하나는 의거 결행 직후 이봉창의 자결용이었다.

김홍일의 회고에는 수류탄을 어떻게 구했는지에 대한 언급이 구체적으로 나와있지 않다. 또한 상해 일본총영사관에서 입수한 정보에 따르면, 김구는 5월 중순에 중국 육군 기병 제1여단 사령부의 군의주임인 김현에게 수류탄 2개를 입수하였다고도 하고, 1930년 말에는 블라디보스토크의 고려공산당을 통해 폭탄 6개를 입수하여 이봉창의 의거에 사용하고 4개는 지금도 가지고 있다고 파악하기도 하였다. 김홍일이 유치 장군에게 직접 부탁하여 수류탄 2개를 받아서 김구에게 전달했을 수도 있고, 김홍일의 얘기를 듣고 김구가 직접 김현을 통해 유치 장군으로부터 수류탄을 전달받았을 수도 있다. 다만 어떤 수류탄을 사용할 것인지, 어떻게 수류탄을 구입할 것인지의 과정에 김홍일이 깊숙이 관련되어 있었음은 부정하기 힘든 것으로 보인다.

또한 이봉창은 김구로부터 수류탄의 사용 방법과 성능에 대한 구체적인 설명을 들었다. 김구는 수류탄 화약 투입구의 나무마개를 빼고 대신에 금속으로 된 기계를 끼워 넣을 것, 안전핀은 거사 전날에 뺄 것, 수류탄은 머리 부분이 충격을 받아야 폭발하기 때문에 안전핀이 끼워져 있으면 휴대에 아무런 문제가 없다고 하면서 수류탄의 사용법과 안전성에 대해 설명하였다. 그리고 수류탄이 터지는 방법에 대해서도 자세하게 설명해 주었다. 수류탄의 머리 부분이 무거워서 수류탄을 멀리 던지면 자연히 머리 부분이 먼저 떨어진다는 점과 머리 부분에 충격이 있어야 하므로 거사 당일에는 가능하면 높이 던져야 한다는 점을 특별히 강조하였다. 폭탄의 성능에 대해서도 마미수류탄은 세로와 가로로 홈이 파여 있기 때문에 폭발하면 홈 결에 따라 각기 하나의 파편이 되어 날아가 폭발한 곳을 중심으로 6~7간間 주변에 있는 물건은 모두 파괴되는 무서운 위력이 있다고 하였다.

이렇듯 마미수류탄의 성능과 사용법에 대한 구체적인 설명은 김홍일로부터 전해들은 내용이었을 것으로 생각된다. 물론 김구가 임시정부 초기부터 경무국장으로 근무하며 무기에 대한 지식을 쌓아왔겠지만, 수류탄에 대한 자세하고 구체적인 지식은 무기 전문가의 도움 없이는 얻기 힘든 내용이었을 것이다. 온갖 무기를 관리하고 있던 상해 병공창의 주임이던 김홍일이 바로 그 무기 전문가였다고 추정해 볼 수 있다.

어쨌든 김구로부터 수류탄과 거사 자금을 전해 받은 이봉창은 일본으로 건너가 1932년 1월 8일 경시청 청사 정문 앞에서 일왕의 마차를 향해 폭탄을 투척하였다. 폭탄은 일왕의 마차 뒤쪽에서 커다란 폭음을 내며 폭발하였다. 궁내부 대신이 타고 가던 마차가 손상되었고, 엄숙한 정렬과 질서를 자랑하던 일왕의 행렬은 아수라장이 되고 말았다. 목적한 대로 일왕을 폭살하는 데는 실패했지만 일본 열도는 폭탄 투척 사실만으로도 큰 충격에 빠졌다. 이봉창은 현장에서 체포되었고, 9차례의 신문을 통해 9월 30일에 사형이 선고되었다. 그리고 10월 10일에 시곡市谷형무소에서 교수형으로 집행되었다. 이봉창의 나이 서른 둘이었다.

물론 김홍일이 폭탄을 김구에게 전하였다는 회고의 내용이나, 김구가 폭탄 2발의 사용 방법을 가르쳐 주었다는 이봉창의 신문조서에 김홍일에 대한 언급이 나와 있지 않은 것을 보았을 때 김홍일과 이봉창의 실제적인 접촉은 없었던 것으로 생각된다. 다만 김구의 요구에 응한 김홍일이 폭탄을 전해주었고, 이봉창은 김구를 통해 전달받은 폭탄으로 의거를 일으켰던 것으로 보인다.

이봉창 의거는 당시 중일 관계에도 영향을 미쳤다. 의거를 두고 중국 각지에서는 일본인들과 중국인들 사이에 소요가 발생하기도 하였다. 이러한 상황은 1932년 1월 28일 상해사변上海事變으로까지 이어졌다. 즉 이봉창의 의거 이후 상해의 중국신문인 『민국일보民國日報』는 "한인자일황미중韓人刺日皇未中 …… 불행근작부차不幸僅炸副車"(한인이 일황을 저격하였으나 적중하지 않았다 …… 불행히도 그 폭탄이 부차에서 터졌다)라고 대서특필하였다. 그런데 이 호외 제목이 일본인들 사이에 큰 반감을 일으켰다. '불행히도 일황에게 적중하지 않았다'는 표현이 일본인들의 신경을 몹시 건드렸으니, 그들은 이것이 불경죄不敬罪에 해당한다고 주장했다. 그리고 민국일보사를 습격하여 닥치는 대로 기물을 부수고 파괴했다.

일본군의 상해 침공을 환영하는 일본 거류민들

만주를 침략하여 점령과 지배에 성공한 일제는 중국 관내에 대한 침략정책을 서둘러 마련하였다. 일제는 상해를 중국 본토 침략의 교두보로 만들기 위해 침략의 구실을 조작하였다. 즉 중국인 부랑아를 매수하여 일본인을 습격하게 하고 이들 중 사망자가 생기자 이에 대한 중국 측의 사과와 가해자 처벌, 배상, 반일운동의 단속 등을 요구하고 나섰다. 이에 대해 중국 측은 일제의 기만적인 조작임을 눈치 채고 일제 측의 요구를 받아들일 것을 통고하였다. 그러나 이러한 조치는 일제가 원하던 바가 아니었으므로 당초 의도한 대로 마침내 이봉창의 의거가 있은 지 꼭 10일 만에 상해를 침략하는 상해사변을 일으켰다.

중국은 채정해蔡廷鍇가 지휘하는 중국 측 제19로군과 국민당 장개석 정부의 장치중이 지휘하는 제5로군이 합동하여 강력하게 항전하는 한편

상해사변 당시 중국 국민군 제19로군 야포진지

민병대도 참전하여 상해를 지키고자 분투하였다. 이에 일본군은 초반에는 고전하였으나 일본 육해군의 10만 병력과 비행기 100여 대가 증파되자, 끝까지 항전분투하던 중국군은 상해를 지켜내지 못하고 일본군에게 점령당하고 말았다.

출운호와 일본상해파견군 무기창고 폭파를 계획하다

상해사변 당시 김홍일은 상해 병공창의 주임을 맡고 있으면서 국민혁명군 제19로군의 정보국장도 겸임하고 있었다. 따라서 그에게는 상해에 주둔한 일본군에 대한 정보가 집중되었고, 김홍일은 수합된 정보를 통해 일본군의 상해 주둔군사령부였던 출운호出雲號를 폭파시킬 계획을 세

상해사변 당시 황포탄으로 입항하는 출운호

웠다. 이는 출운호 안에 설치된 상해 파견 일본군사령부를 폭파함과 동시에 출운호를 격침하는 이중의 효과가 있었기 때문이다. 아울러 출운호가 정박해 있는 장소 바로 옆에 일청기선회사日清汽船會社의 군수품 창고와 주상해 일본총영사관이 위치해 있었는데, 출운호가 폭파되면 그 폭발력의 영향으로 군수품이 저장되어 있는 창고도 산산조각 낼 수 있고, 일본총영사관에도 상당 부분 피해를 가할 수 있으리라는 판단 때문이었다. 이 계획이 성공하게 되면 상해를 침공한 일본군의 사기를 떨어뜨리는 반면 중국군의 사기는 높일 수 있는 효과도 있었다.

김홍일은 곧장 준비에 들어갔지만 가장 큰 문제는 이 작전을 수행할 적임자를 구할 수 없다는 것이었다. 물속을 잠수할 수 있는 잠수복이 필요했지만 당시 상해에서 완전무결한 잠수복을 갑자기 구할 수는 없는 상황이었다. 김홍일은 강구 끝에 특별한 장비가 없어도 물속에서 한 시간 정도 견딜 수 있는 중국인 수귀水鬼 두 명을 거액을 주고 고용하였다. 또한 중국인 기사들과 상의하여 상해병공창에서 50파운드짜리 비행기용 폭탄을 급히 개조하여 마련하였다. 수귀들이 출운호 밑에 폭탄을 매달아 놓은 뒤, 출운호가 정박해 있는 황포강 건너편 포동浦東에서 약속한 시간에 폭파 점화장치를 작동하게 하는 스위치를 눌러 출운호를 폭파하는 것이었다. 김홍일은 수귀들을 시켜 예행연습까지 마쳤다. 출운호 폭파시간은 2월 12일 12시 30분으로 정해졌다.

그러나 출운호 폭파 시도는 실패로 끝나고 말았다. 출운호에 설치할 특수폭탄을 가지고 물속에 들어간 중국인 수귀 두 명이 겁을 먹고 제시간에 폭탄을 설치하지 못한 채 12시 30분이 되었고, 수귀들이 폭탄을 약속한 시간에 설치했을 것이라고 판단하고 폭파 스위치를 누르는 바람에 출운함으로부터 10여 미터나 떨어진 곳에서 폭탄이 폭발하였던 것이다. 출운호는 단지 폭탄이 폭발하는 진동으로 함체를 부두에 부딪쳐서 약간 상처만 입었을 뿐 별다른 피해를 받지 않았다.

이에 김홍일은 다른 계획을 세웠다. 부두에 있는 일본군 무기창고와 비행장 등을 폭파하려는 계획이었다. 그런데 일본군 비행장은 외부인 출입이 철저히 통제되고 있어서 폭파는 어려웠다. 대신 무기창고에는 윤봉길과 그의 동지 여섯 명이 탄약창고 안에 일자리를 얻어 일하면서 정보를 전해 주었기 때문에 폭파가 가능하다고 판단되었다.

김홍일은 무기창고를 폭파시키기로 결심하고 김구와 연일 머리를 맞대고 협의하여 계획을 세웠다. 인부들이 가지고 다니는 것과 똑같은 형태의 도시락과 물통을 구하고 그 도시락에 들어갈 만한 시한폭탄을 만들면, 윤봉길과 한인애국단원들이 가지고 안에 들어가서 저녁에 일을 마치고 밖으로 나올 때 가져간 폭탄의 시간장치를 풀어서 공군용 폭탄이나 폭탄상자 사이에 잘 끼어두고 나온다는 것이었다. 그 후 10여 분 후에 폭탄이 폭발하게 되면 탄약의 연쇄 폭발로 그 주변 일대는 걷잡을 수 없는 폭음과 불길로 난장판이 될 것이고, 부두에 정박 중인 많은 화물선과 군함까지도 손해를 입히게 될 것이라는 계획이었다.

김홍일은 동경에 유학 중이다가 잠시 상해에 와 있던 주카 김영재를 홍구虹口로 보내 도시락과 물통을 각각 열 개씩 사오게 하였다. 그리고 병공창으로 가서 시계장치가 달린 폭발력과 연소력이 강한 폭탄을 만들어 달라고 부탁하였다. 하지만 당시는 전황이 급박해서 병공창에서 그런 폭탄을 만들 만한 여유가 없었다. 그래서 김홍일은 전부터 병공창에 주물 등을 공급해 오던 민간 철공장에 의뢰하여 도시락과 물통 주물을 만들게 하고 도시락에 넣을 폭약과 시계장치는 포탄창 주임 왕백수王伯修에게 만들어 달라고 부탁하였다.

그러나 도시락 폭탄이 만들어지기도 전에 중국군의 강력한 저항에 부딪친 일본이 일방적인 휴전을 선언함으로써 계획은 수포로 돌아갔다. 휴전이 성립되자마자 탄약고의 문을 닫았고, 인부도 해산시킴으로써 무기고에 접근할 수 있는 기회 자체가 무산되어 버렸다. 김홍일과 김구의 실망은 보통이 아니었지만, 이번 거사에 목숨을 걸고 앞장섰던 윤봉길과 한인애국단원들의 실망도 이만저만이 아니었다. 하지만 이때 만들었던 도시락 폭탄을 사용할 수 있는 좋은 기회가 곧 찾아왔다.

윤봉길의 홍구공원 의거를 지원하다

한편 상해전투의 정전이 이루어진 후 일본군은 소위 천장절天長節이라 하여 일왕의 생일을 축하하는 행사와 상해전투의 승리 축하식을 준비하였다. 이것을 기회로 생각한 김구는 윤봉길과 함께 구체적 계획을 수립하고 임시정부 국무회의에 승인을 얻어 냈다.

윤봉길은 23세가 되던 1930년 3월 6일에 "장부출가생불환丈夫出家生不還"이라는 글을 남기고 중국 망명길에 올랐다. 그는 갈수록 압박과 고통이 증가하는 조국의 현실을 바라보고만 있을 수 없어 적(일제)을 부수기 위해 상해에 있는 대한민국임시정부를 찾아갔다. 그리고 1930년 3월 말경에 신의주를 거쳐 중국 안동(단동)에 도착한 그는 다시 배를 타고 청도에 도착하였다. 이곳에서는 일본인이 경영하는 세탁소에서 일을 하며 상해로 갈 차비가 마련되자 청도를 출발하여 1931년 5월 8일에 상해에 도착하였다.

상해에 도착한 윤봉길은 민간단체인 대한교민단사무소를 찾아가 김구를 면회하고 자신도 임시정부의 독립운동에 참여할 것을 희망한다는 확고한 뜻을 전달하였다. 그는 우선 생계를 위하여 김구의 주선으로 한국 동포 박진이 경영하는 모자제조공장에 직공으로 취직하여 일하면서 '한인공우친목회韓人工友親睦會'를 조직하여 상해에서의 활동을 본격적으로 시작하였다. 이때 매주 한번 김구가 공장을 방문하였는데, 그는 김구와 함께 시국문제와 독립운동 방략에 대해 토론하면서 상호 신뢰를 쌓아나갔다. 그러나 그가 다니던 공장이 어려움을 겪게 되자 해고되고 상해 내 공동조계 홍구시장에서 야채상을 하며 생활하였다.

윤봉길은 김구로부터 이봉창의 동경 의거에 대한 설명을 듣고 더욱 독립운동에 대한 결심을 굳혔고, 일제의 만보산사건 조작, 만주침략, 상해사변 등을 경험하면서 한인애국단원으로서 헌신할 것을 확고히 하였다. 이에 그는 김구에게 이봉창과 같은 작탄특무를 담당하겠다고 의지를 명백히 밝힘으로써 역사적인 상해의거가 준비되기에 이르렀다.

마침 상해사변을 일으켜 상해를 무력으로 점령한 일제는 일왕의 생일인 1932년 4월 29일에 천장절을 상해전승기념식과 겸하여 홍구공원에서 거행하기로 하고, 일본인들은 일장기와 함께 각자 도시락과 물을 준비하여 참석하라는 내용을 당시 상해에서 발행되던 신문을 통해 보도하였다. 이는 김구와 윤봉길에게는 작탄투쟁을 실행할 수 있는 절호의 기회였다. 이 행사에는 상해주둔 일본군사령부의 군 수뇌부들이 대거 참석할 예정이었다. 이때 작탄투쟁이 성공한다면 30만 중국군이 이겨내지 못한 일본침략에 대한 강력한 응징이 될 것이 자명했기 때문이다.

그러나 이러한 특무공작을 실행에 옮기기 위해서는 실행자의 희생이 뒤따르는 것이 분명한데 이를 윤봉길이 자원하고 나선 것이었다. 그는 가족을 뒤로 하고 중국으로 망명하여 상해로 올 때의 굳은 결의를 실행할 기회라고 판단한 것이다. 임시정부의 특무공작을 책임지고 있던 김구로서는 천군만마를 얻은 것보다 더 큰 기쁨과 힘을 얻었다.

이로써 윤봉길의 특무공작 실행계획이 결정되자 김구는 이에 대한 승인을 임정 국무회의에 제출하였다. 이때 조소앙, 조완구 등이 계획이 실행되어 잘못되면 한국인이 상해에 거주할 수 없게 될 것이라고 반대하

윤봉길

였다. 이에 대해 김구가 윤봉길이 한국인이라는 것을 비밀로 하고 한국인이라는 것이 발각될 우려가 있는 물건은 일체 지니지 않을 것이며, 특무공작의 결행과 동시에 자살할 것을 명령하였다고 설명함으로써 특무공작 실행계획은 만장일치로 국무회의의 승인을 획득하였다.

윤봉길은 특무공작의 구체적인 준비에 앞서 우선 한인애국단에 가입하고 1932년 4월 26일 혈서로 쓴 선서문을 통해 작탄투쟁을 수행할 것을 맹세하였다.

> 나는 적성으로써 조국의 독립과 자유를 회복하기 위하여 한인애국단의 일원이 되어 중국을 침략하는 적의 장교를 도륙하기로 맹세하나이다.
>
> 대한민국 14년 4월 26일
>
> 선 서 인 윤 봉 길
>
> 한인애국단 앞

이어 다음 날에는 안공근의 집에서 기념사진을 촬영하고 공동조계에 있는 일본인 상점에 가서 일본 보자기 1장을 구입하였다. 오후에 김구가 그를 찾아와 구체적인 거사 계획을 논의하였다. 거사에 사용할 폭탄은 거사 당일에 전달될 것이며, 폭탄은 던져진 다음 폭발음이 난 후 4초 뒤에 폭발하도록 되어 있다고 설명하였다. 그리고 다음 날 만나기로 약속하고 헤어졌다.

윤봉길은 거사 전 날에 일본인 상점에 가서 시라카와 대장 등의 사진을 구입하여 그들의 얼굴을 익히는 한편 일장기를 준비하고 행사가 거행될 홍구공원을 답사하였다. 숙소로 돌아온 윤봉길은 김구의 요청에 따라 자필 이력서와 유서를 작성하고 김구 선생을 존경하여 기리는 시 한 편과 조국의 청년들에게 남기는 유시 한 편, 두 아들에게 남기는 유시 한 편 등을 써서 김구에게 전달하였다. 그리고 김구와 함께 프랑스조계에 있는 김해산의 집으로 가서 이봉창 의거 때 불발된 폭탄을 교훈 삼아 치밀하게 준비된 폭탄 사용 방법을 배웠다. 비장한 각오로 폭탄 사용 방법까지 배운 윤봉길은 임시정부의 회생과 한국 독립운동의 전환점이 될 거사의 모든 준비를 마치고 거사일을 기다리고 있었다.

이때 윤봉길에게 건네진 고성능 도시락 폭탄과 물통형 폭탄을 제조한 사람이 바로 김홍일이었다. 김구는 이봉창 의거에 이어 윤봉길 의거에 사용할 폭탄도 김홍일에게 의뢰하였다. 그러나 당시 상해 병공창에는 폭탄을 만들 수 있는 기계가 없었다. 상해사변으로 인해 병공창의 기자재들을 가까운 남경과 항주로 옮겼기 때문이다. 그리하여 김홍일은 당시 병기창장이었던 송식표宋式驫 장군의 허락을 얻어 평소 친분이 있던

김구(중앙)와 김홍일(오른쪽)

민간 철공창 주인 향차도向次濤에게 폭탄의 외형을 만들게 하였다.

그리고 폭약과 시계장치의 제작은 상해 병공창의 기술자 왕백수에게 맡겼다. 폭탄은 물통과 도시락 모양으로 수십 개가 만들어졌다. 이 중 한 쌍이 윤봉길에게 건네지고, 남은 폭탄은 이후 임시정부가 상해를 떠날 때 비밀리에 피난처인 가흥으로 옮겨졌다. 이때 김홍일이 윤봉길에게 전한 폭탄은 이전에 계획하였던 일본 상해파견군의 비행장 무기창고 폭파 때 사용하려고 했던 폭탄을 사용한 것이었다.

윤봉길은 천장절 행사장에서 계획대로 단상에 폭탄을 던졌다. 이날 행사에는 만여 명의 일본군 인사와 각국 외교관, 그리고 상해에 거주하는 일본인 만여 명이 동원되어 참석하였다. 기념식은 제1부 관병식과 축하식으로 나누어져 진행되었는데, 오전 9시부터 시작된 관병식은 상해를 점령하고 있는 일본군의 위세를 과시하기 위한 자리였고, 30분 휴식 후에 11시 30분부터 축하식이 시작되었다.

행사를 지켜보고 있던 윤봉길은 일본군의 삼엄한 경계를 뚫고 두 개의 폭탄을 던지는 것은 어렵다고 판단하여 효과적으로 투척이 가능한 자리를 잡은 뒤, 먼저 수통형 폭탄을 던지기로 결정하였다. 마침 개회사와 축사가 끝난 뒤 많은 비가 내리기 시작하였다. 이 와중에 일본 국가가 울리자 군중들은 술렁였으나 단상의 일본군 수뇌부들은 모두 일어선 채 동요하지 않고 있었다.

윤봉길 의거 현장

윤봉길은 일본 국가가 끝나가는 순간이 투척할 순간임을 직감하고 어깨에 메고 있던 수통형 폭탄을 벗고 단상을 향해 달려가서 육군 대장 시라가와 요시노리와 중장 우에다 겐기치를 중심으로 한 자리에 폭탄을 투척하였다.

투척한 폭탄은 정확하게 두 일본군 장군 앞에 떨어져 굉음을 울리며 폭발하였다. 역사적이고도 세계를 경악케 한 순간이었다. 단상의 일본군 주요 수뇌부들은 모두 쓰러지고 식장은 순식간에 아수라장이 되었다. 윤봉길의 작탄투쟁은 성공적이었다. 단상에 있던 일본군 총사령관 시라가와 대장은 중상을 입고 입원하였으나 사망하였고, 우에다 중장은 오른쪽 발가락을 절단하는 등 중상을 입었다. 또 일본해군 중장 노무라 기치사무라는 오른쪽 눈을 뽑아냈으며, 주중공사 시게미쓰 마모루도 중상을 입고 오른쪽 다리를 절단하였다. 상해 일본인거류민단장 가와바다 사다쓰구는 즉사하였으며, 상해 총영사 무라이와 거류민단 서기장 도모노는 중상을 입고 입원하는 등 침략을 선도하였던 일본군 주요 인물들

상해파견군 총사령관 시라가와 요시노리(앞줄 가운데)

이 섬멸당하였다.

이러한 윤봉길 의거로 인해 한중 관계는 빠르게 회복 되었다. 중국국민당정부와 각 혁명단체들의 임시정부에 대한 지원도 구체화되어 임시정부는 침체기를 극복하고 새로운 활동의 전환점을 마련할 수 있는 기회를 갖게 되었다. 국민당 정부 장개석 주석은 중국군 30만 명이 하지 못한 일을 한국의 한 청년이 해냈음을 극찬하며 높이 평가하였다.

이러한 인식은 실질적인 지원으로 연결되어 중국군 사관학교 내에 한인장교 훈련반을 설치하여 한국청년들의 군사훈련을 지원하게 하였고, 한중항일전선 구축의 기틀이 마련되었다. 특히 의거 이후 중국의 군·관 또는 민간에서는 임시정부에 성금을 보내기도 하였는데, 그중에는 1932년(날짜 미상) 19로군으로부터 도착한 5,000대양大洋(미화 2,500달러)

과 1만 달러 규모의 성금이 김홍일을 통해 임시정부에 전달되었다.

윤봉길의 의거로 큰 타격과 충격을 받은 일제는 군경을 총동원하여 상해에 있던 한국 독립운동가들에 대한 대대적인 검거를 시작하였다. 그동안 프랑스 조계 내의 임시정부 요인과 한국 독립운동가들의 활동을 묵인하던 프랑스 당국도 사태의 심각함을 감안하며 일제의 발악적 검거를 막지 못했다. 일제는 임시정부 요인에 대한 검거를 단행하여 이유필의 집에서 안창호를 체포하였다. 이어 이유필과 이수봉 등도 1933년에 결국 체포되었다.

이처럼 일제의 검거가 발악적으로 전개되자 김구는 의거 직후 특무 공작과 관련이 없는 한국인들이 마구잡이로 체포되어 수난당하는 것을 막기 위하여 윤봉길 의거의 배후에 김구와 한인애국단이 있음을 밝히는 성명서를 중국의 여러 신문사에 전달하였다. 그리고 일제의 검거 선풍으로 인해 상해의 상황이 악화되자 안공근, 엄항섭 등과 함께 미국인 피치(G.A. Fitch, 중국명 弗吾生)의 도움을 받아 그의 집에 피신하여 일제의 검거를 피할 수 있었다. 그러나 김구는 이곳도 위험해지자 결국 임정과 한국 독립운동의 중심지 역할을 하였던 상해를 떠나 가흥으로 피신하였으며, 임정 요인들은 항주로 가서 임정판공처를 설치하였다.

김홍일 역시 더 이상 상해에 머무를 수 없었다. 일제의 검거망은 중국군 장교였던 그에게도 뻗쳐왔다. 이에 김홍일은 왕웅이란 가명을 버리고 왕일서王逸曙로 개명한 후 공병학교에 부관처장으로 보직되어 남경南京으로 향했다.

중앙군의 소장으로 중일전쟁에 참가하다

중일전쟁이 일어나기 전까지

김홍일은 윤봉길 의거 이후 남경으로 옮겨온 뒤에도 독립운동과의 끈을 놓지 않고 있었다.

먼저 그는 의열단 단장 김원봉이 중심이 되어 세운 조선혁명군사정치간부학교(이하 간부학교) 설립을 측면에서 지원하였다. 간부학교는 김원봉이 황포군관학교 시절에 쌓은 인맥을 통해 설립한 학교로 1932년 10월부터 1935년 9월까지 3년여 동안 3기에 걸쳐 130명에 이르는 청년 투사들을 양성하였다. 간부학교의 설립에는 일명 남의사藍衣社로 불리는 삼민주의역행사三民主義力行社의 서기 등걸滕傑과 장개석의 신임이 두터운 국민군 제25사단장 겸 진포로경비사령관津浦路警備司令官인 관린징關麟徵의 도움이 컸다.

김원봉은 황포군관학교 동기생인 등걸과 교섭하여 의열단과 국민당과의 관계를 정립하는 한편, 그의 황포군관학교 은사인 관린징에게 한국 청년들을 위하여 군사와 정치에 유능한 인재를 양성하기 위한 기관을 설립해 줄 것을 요청하였다. 관린징은 당시 국민당 군정부장이던 하응흠에게 상신하였으며, 하응흠은 운남육군강무학교 시절부터 신임하고 있던 김홍일에게 상신 내용에 대한 의견을 물어왔다. 이에 김홍일은 김원봉을 만나 그의 계획을 구체적으로 알아본 뒤에 하응흠에게 지원을 해달라고 강력히 건의하였다. 결국 이 건의가 받아들여져 남경에서 가까운 강녕현江寧縣의 산중에 조선혁명군사정치간부학교가 비밀리에 설치되었다.

또한 김홍일은 김구와 장개석 사이에 협의가 이루어져 1934년 2월에 중국중앙육군군관학교 낙양분교 내에 설치된 한인특별반의 운영에도 관계하였다. 원래 김구는 이 한인특별반의 운영을 김홍일에게 의뢰하였다. 그러나 김홍일은 자신은 아무래도 중앙정부가 있는 곳에서 일을 보아야만 중국정부의 요인들과 자주 접촉하여 그들의 지원을 받음으로써 각 독립단체들의 일을 뒤에서 추진시킬 수 있을 것이라고 하였다. 대신 김구는 한인특별반 운영에 관한 일을 그와 지속적으로 상의하였다.

이때 김홍일은 남경의 일본총영사관에서 꾸민 흉계 때문에 전출을 가게 되었다. 일본총사령관이 일본 요인을 납치하여 살해하고 그 사건의 책임을 중국과 한국 독립단에 뒤집어 씌우려는 자작극을 꾸민 것이었다. 그리고는 일본 무관이 군정부로 와서 군정부 차장 진의陳儀 장군에게 하는 말이 "왕웅이라는 한인 포병 장교가 지금 포병학교 교관으로 있다는 소식을 들었는데 그는 지금까지 한인들이 저지른 흉악한 폭탄 사건에 깊숙이 관련되어 있을 뿐 아니라 이번 부영사 실종 사건에도 그가 관련되어 있을 것이 확실하니 어서 왕웅이라는 자의 신병을 넘겨달라"고 위협하였다. 그러나 김홍일은 이미 왕일서로 개명한 데다 포병학교가 아닌 공병학교에 있었기 때문에 진의는 그런 사람은 없다고 하면서 도리어 핀잔을 주어 돌려보냈다. 하지만 김홍일은 더 이상 남경에 머물러 있는 것이 위험하므로 곧 귀주貴州의 서남수정공서西南綏靖公署로 가서 고급참모로 일하게 되었다.

김홍일은 귀주에서 지방 부대를 통합하고, 통합한 부대를 사천성四川省으로 이동시키는 임무를 수행하였다. 김홍일은 귀주에서의 활동을 인정받아 군정부 군수서 군수설계위원으로 발령받았다. 군수설계위원은 앞으로의 전쟁에 대비하여 그 준비 작업을 계획하는 직책이었다.

김홍일이 한 일은 주로 병기, 탄약과 피복 장구 그리고 양곡 등을 준비하는 것이었다. 또한 그것들을 생산하는 공장 신설과 이전에 관한 문제를 미리 연구하고 계획하였다. 예를 들면 전쟁 상황을 가상으로 설정하여 각 병공창을 후방으로 옮기는 것도 미리 계획하고 준비하였으며, 후방으로 결정된 사천성의 중경 부근에 거대한 지하공장을 마련하고, 그곳으로 전방의 많은 공장을 옮길 준비도 진행하였다. 그리고 안전한 자리를 택하여 새로운 공장을 건설하여 새로 도입된 기계로 생산을 서둘렀으며, 낡은 공장의 기계도 될 수 있는 대로 적의 손이 닿지 않을 자리에 새로 마련한 공장으로 이전시켰다. 그렇게 하여 어떠한 위기에 봉착하더라도 절대로 생산이 중단되는 일이 없이 전방에 필요한 물품을 보급할 수 있도록 만반의 준비를 갖추게 되었다.

이후 8년이라는 기나긴 중일전쟁 기간 동안 국민당 군이 무기와 탄약의 부족을 모르고 지탱할 수 있었던 것은 그때 군수설계위원이던 김홍일의 공이 컸다고 할 수 있다. 이처럼 김홍일이 군수설계위원으로 전쟁에 대비한 준비 작업을 하고 있을 때, 중일전쟁이 시작되었다.

중일전쟁에서의 활약

1937년 7월 7일, 중일전쟁이 일어났다. 북경 근처 노구교盧構橋에서 시작된 중국과 일본의 무력 충돌이 전면전으로 발전한 지 1달이 되지 않아 북경北京과 천진天津이 일본군에 함락되었다. 국민혁명군은 전쟁이 점차 확대되자 소극적이었던 대응방침에서 벗어나 적극적인 항전을 준비하기 시작하였다. 김홍일이 그동안 그토록 바라던 일본과의 전쟁이 시작되었다. 김홍일로서는 이제야 드디어 일본군과 싸울 수 있는 기회가 찾아온 것이었다.

당시 김홍일은 군정부 군수서 군수설계위원으로 근무하고 있었다. 전쟁이 시작되자 물자와 기계류를 안전한 후방으로 옮기는 김홍일의 역할이 중요해졌다. 김홍일은 전쟁 초기에 상해를 두고 일본군과 중국군이 벌인 3개월간의 전투 기간 중에 상해 주변에 산재해 있는 물자와 기계류를 안전하게 후방으로 옮기기 위해 고군분투하였다. 그러나 중국군은 결국 상해에서 11월 8일에 철수하였으며, 12월 13일에는 남경이 일본군에 함락되었다. 일본군은 이로부터 6주간 중국 민간인들과 군인들을 상대로 무차별적인 살육, 방화, 강간 등을 자행하였다. 김홍일은 남경이 함락되기 전에 다른 동료들과 함께 군수서의 사무를 정리하여 군정부의 최종 부대를 따라 한구로 이동하였다. 한구로 이동한 후에는 강릉의 중국중앙군관학교 성자분교 한인특별반의 교관으로 파견되었다.

김홍일의 마음은 전쟁이 지속되면서 최일선으로 치닫고 있었다. 중국군 부대라도 직접 인솔하고 나가 일본군과 싸우기를 고대하고 있던 그에게 기회가 찾아왔다. 김홍일은 한구에서 102사단을 만났다. 102사단은 그가 예전에 귀주에서 서남수정공서西南綏靖公署의 고급 참모를 역임하고 있을 때 직접 사천으로 인솔해 온 사단이었다. 그리고 사단장 백휘장柏輝章과 연대장 3명 중 2명이 그의 귀주육군강무학교 동기동창생이었다. 마침 102사단의 참모장이 부상을 당하여 결원이었으므로, 그는 군정부장에게 102사단 참모장으로 보내달라고 상신을 올렸다. 마침내 김홍일은 전투사단인 102사단의 참모장으로 전투에 참여하게 되었다.

102사단은 1938년 10월에 일본군과의 전투에 돌입하였다. 강서성江西省 덕안현德安縣 부근의 만가령에서 국민혁명군의 4군단과 일본군 106사단이 충돌한 것이었다. 즉, 일본 11집단군의 106사단과 101사단이 장강 이남 구강九江을 점령한 이후 계속적으로 강 연안을 따라 서진하여, 무한武漢을 향해 진격함에 따라 중국 제9전구의 제4군, 제74군, 제66군, 187사단, 71사단, 신편 13사단, 142사단, 60사단 등은 1938년 10월 1일부터 11일까지 덕안현德安縣 서쪽 만가령 지역에서 전투를 전개하였다. 당시 김홍일이 속한 102사단은 당시 만가령전투의 주장이었던 설악薛岳 장군의 4군 소속이었다.

만가령전투는 10월 2일부터 시작했는데, 김홍일이 인솔한 부대는 10월 8일에 가서야 비로소 전투에 들어갈 수 있었다. 그의 부대가 담당한 적의 진지는 약 1.5킬로미터 전방에 있었다. 그의 부대는 주로 밤중에 적의 진지를 공격했으나, 그때마다 실패하였다. 어둠을 틈타 적이 점령하고 있는 산중턱까지 올라가는데는 성공했지만 그때마다 치열하게 반격해 오는 적의 기관총 사격과 수류탄 투하를 견딜 수 없어 번번이 후퇴했기 때문이다. 김홍일은 획기적인 전술을 구상해야 했다.

그는 부대의 진격에 가장 걸림돌이 되는 적 기관총의 위치를 파악하기 위해 위장공격을 감행하였다. 그 결과 기관총의 위치를 알아낸 그는 기관총 진지에 대한 거리와 방향을 정확하게 측정해 놓은 다음 2개 연대에 있는 박격포 16문을 한곳에 모아서 보병들이 공격 개시선에 서자마자 일시에 포문을 열어 한곳에 집중적으로 포격을 퍼부었다. 그러자 산이 무너지는 듯한 폭음과 함께 적의 주력인 기관총 진지가 박살이 났다. 사기가 충천한 보병들은 우렁찬 만세 소리와 함께 돌격전을 감행하여 적의 진지를 점거하는 데 성공하였다. 김홍일의 부대는 혁혁한 전과를 세웠다. 부대가 노획한 무기만 하더라도 소총 천여 자루, 기관총 50여 정, 포로 30여 명, 말 100여 필에 달했다.

만가령전투는 김홍일이 중일전쟁에 참여한 첫 전투였다. 그는 첫 출전에서 전사에 오래 남을 대승리를 거둔 것이었다. 그가 이렇게 큰 전공을 세울 수 있었던 것은 비록 그 자신은 "오로지 내 조국 고향에서 내 친지와 친우들이 나를 위해 하나님께 기도드려 준 덕분"이라고 생각했지만 무엇보다 앞서 무장투쟁과 북벌전에서 얻어진 풍부한 실전 경험 덕분이었다.

만가령전투 이후 몇 차례 일본군과 소규모 전투를 치르기는 했지만 대체로 전선은 대치 상태가 계속되었다. 그러던 중 김홍일은 1939년 5월에 대령에서 소장으로 진급함과 동시에 제19집단군 총사령부의 참모처장으로 발령을 받았다. 대령으로 진급한 지 12년만에 드디어 장군이 된 것이었다. 사실 그의 장군 진급은 소령에서 대령으로 진급했던 것에 비해 매우 더뎠다. 김홍일 자신도 외국인이어서 차별을 받는 것이 아닌가 해서 마음 한구석에 섭섭한 마음이 깃들기도 하였다. 하지만 그의 소장 진급은 한인 출신이라는 한계를 극복하고 장성 계급까지 올랐다는 점에서 매우 큰 의미가 있는 일이었다.

제19집단군은 1941년 3월에 강서성江西省 상고현上高縣에서 전투를 전개하였다. 김홍일은 이 전투에서 20군단의 제19사단장으로 전투를 지휘하였다. 마침 전투 초기에 제19사단장이 병으로 입원 중이었기 때문에 그가 대리 사단장에 임명되었다. 그가 이끈 제19사단이 참가한 전투에서 중국군은 일본군 제34사단의 부사단장을 포함한 전사자 5천여 명과, 소총 2천여 자루, 야포 10문, 기관총 50여 정을 노획하는 등의 전공을 세웠다. 당시 심각한 타격을 받은 일본 제34사단 참모장 사쿠라이 도쿠타로우櫻井德太郎는 전투의 패배로 인해 할복하기도 하였다. 그야말로 중일전쟁 발발 이후 그때까지 거둔 전과 중 가장 빛나는 대전과였다. 국민당에서는 이 전투를 상고회전上高會戰이라고 명명하였다.

김홍일은 상고회전의 승전 이후 중일전쟁에서 가장 치열한 전투로 꼽히는 장사회전長沙會戰에 참전하였다. 장사회전은 1939년부터 일본이 장사를 공격하면서 시작된 전투였다. 장사는 대표적 곡창지대로 중경重慶을 비롯한 중국 내륙으로 진격하기 위해서는 반드시 거쳐야 하는 화남의 요충지였다. 이 때문에 일본군과 국민혁명군은 세 차례에 걸쳐 장사에서 격돌하였는데, 김홍일이 참전한 전투는 1941년 9월에 일어난 제2차 장사회전이었다. 이 당시 김홍일이 소속된 제19집단군은 9전구에 소속되어 포위된 일본군 병력에 대한 증원 병력을 차단하는 임무를 맡아 수행하였다.

김홍일은 제3차 장사회전이 끝난 후인 1942년 1월에 중경의 육군대학에 입학하게 되었다. 그의 입학은 전 19집단군 총사령 나탁영羅卓英의 추천에 의한 것이었다. 육군대학은 3년 과정의 고급장교 육성기관으로, 전략연구와 연합작전술, 대병단 운용 등의 고등군사학을 교육하는 곳이었다. 하지만 전시임을 감안하여 2년으로 단축되어 운영되었다. 이러한 육군대학의 입교는 김홍일이 엘리트 코스를 밟는 것을 의미했다. 육군대학을 졸업한 한국인 장교는 김홍일과 최용덕崔用德, 박시창朴始昌 세 명뿐이었다.

1943년 12월에 육군대학을 졸업한 김홍일은 계림에서 미국식으로 무장하고 훈련하여 신군을 편성중인 제2병단의 참모처장으로 부임하였다. 사령관은 나탁영 장군이었다. 제2병단에서 근무하고 있던 1944년 10월 초 어느 날 중경의 군사위원회로부터 나탁영 사령관을 호출하는 장개석의 전보가 날아들었다. 나탁영은 김홍일과 함께 중경으로 갔다. 장개석은 그들에게 학생군을 조직하여 훈련시키라는 명령을 내렸다.

학생군 조직은 예전에 김홍일이 입안하여 나탁영이 장개석에게 건의

중국군 소장시절 미군 고급 참모들과 함께 오른쪽 첫 번째가 김홍일이다.

한 바 있는 군사제도 개혁안이었다. 김홍일은 곧바로 학생군 조직에 투입되었다. 일본군은 1944년 4월 17일에 시작하여 12월 10일까지 대륙의 철도를 연결하여 일본 본토와 인도차이나를 잇는 보급선을 확보하는 것과 중국 본토의 미국 전략폭격기 기지 점령을 목표로 약 40만 명의 군대를 투입하는 대규모 공세작전인 대륙타통작전大陸打通作戰을 실행하였다. 일본군에서는 지나 파견군 소속 제12군(6개 사단·6개 여단), 제11군(10개 사단·4개 여단)이 투입되었고, 중국군에서는 제1, 5, 8, 9전구가 투입되었다. 중국에서는 이를 예상계회전豫湘桂會戰이라고 하는데, 학생군 조직은 일본군의 대륙타통작전으로 인해 장사에 이어 형양衡陽이 함락되면서 병력의 충원을 위해 추진되는 것이었다.

장개석은 1944년 10월 초에 내린 학생군 편성에 대한 자신의 지시를 다음 해 5월까지 완성시키라고 하였다. 3개월 이내에 부대 편성을 마치고 다음 해 1월부터는 본격적인 훈련에 들어가 4월에는 훈련을 마치고 5월부터 명실공히 학생군으로서 일본군에 대한 반격 작전에 참가할 수 있도록 속히 서두르라는 명령이었다. 김홍일은 즉시 일에 착수하였다. 제2병단 사령부는 지식청년군 총사령부로 개편되고 김홍일은 그 부참모장 겸 참모처장으로 선임되었다. 김홍일은 밤을 새워가며 학생군 조직에 열성을 다하여 10만 명의 학생군을 수용할 병영을 비롯하여 기타 필요한 준비도 급속도로 완성시켰다.

중국 학생군 근무 시절의 김홍일(1944)

그러나 무기는 미국의 원조품을 사용할 계획이었는데, 계획에 큰 차질이 생겼다. 미국은 원래 원조해 주는 무기는 일선에서 작전하는 부대에만 공급하기로 되어 있기 때문에 훈련용으로는 줄 수 없다고 주장하였다. 이는 중국공산당의 선전이 주효하게 먹혀들어간 까닭이었다. 국민당이 초공剿共의 목적으로 학생군을 조직하려 한다는 것이 공산당의 주장이었다. 공산당은 국민당에서 학생군을 조직하는 것은 대일항전에 쓰지 않고 공산당 척결에만 힘쓰게 될 것이고, 이는 국내의 내분을 조장하게 될 것이라고 하였다. 결국 장개석은 학생군을 무장시키는 데 필요한 무기에 대한 미국의 원조를 포기했다. 대신 자체적으로 충당하겠다는 결정을 내렸다. 하지만 그로 인해 학생군 편성에 관한 계획이 3개월 간이나 지연되었다.

이렇듯 학생군 창설이 지지부진해지고 있던 상황에서 김구는 김홍일에게 한국광복군의 참모장으로 취임할 것을 권유하였다. 김홍일도 하루라도 빨리 일제와의 싸움에 뛰어들기를 원했지만 중국군과의 작별을 위해서는 절차가 필요했다. 김홍일은 김구에게 임시정부와 광복군이 처한 입장을 장개석에게 설명하고 자신이 중국군에서 물러날 수 있도록 승낙을 받아달라고 부탁했다. 김구의 요청을 받은 장개석은 직접 김홍일을 찾아와 광복군에 가서 더욱 빛나는 공훈을 세우라고 얘기했다. 이에 김홍일은 중국군에서 맡은 직을 사임하고 임시정부로 향했다.

조선의용대 창설과 한국광복군의 참모장

조선의용대 창설의 주역

중일전쟁이 진행되는 중에도 김홍일은 독립운동과의 관계의 끈을 놓치지 않았다. 김홍일은 중국 관내 지역 최초의 한인무장조직인 조선의용대에도 관여하였다. 그는 조선의용대 창설 과정에 참여하게 되었는데, 이는 국민당 군사위원회 정치부장인 진성陳誠의 지시가 그 계기였다. 김홍일의 회고에 따르면, 당시 그는 강릉중앙군관학교 특별훈련반에 부설된 일본유학생 출신인 남녀 한인학생들의 훈련을 도와주게 되었다고 한다. 그때 특별훈련반에 수용된 학생들의 수는 도합 300여 명이나 되었는데, 그중 약 100여 명이 김원봉의 지도 아래에 있는 의열단원들이었다고 하였다. 그리고 진성으로부터 의열단원들을 중심으로 한인무장조직을 창설하라는 지시를 받았다고 하였다.

한인 민족운동가들은 중일전쟁이 발발하자 이 전쟁은 민족해방을 달성할 수 있는 기회라고 생각하고 이를 활용하려고 적극적으로 노력하였다. 중국 관내지방에서 최대의 항일 세력이었던 조선민족혁명당은 관내지방에 있는 조선 청년들에게 항일운동에 참가할 것을 호소하였고, 그 결과 83명의 청년들이 호소에 응하여 남경에 집결하였다. 조선민족혁명당은 중국 당국과 협상을 통해 이 청년들을 1937년 12월 1일에 중국중앙군관학교 성자분교 특별훈련반 제4중대에 입교시켰다.

김홍일은 이 특별훈련반에 교관으로 참여하였다. 그는 조선민족혁명당 소속의 청년당원들이 중앙육군군관학교 성자분교 특별 훈련반 제4중대에 입교한 후 학교가 다시 호북성湖北省 강릉江陵으로 이전했을 때 교관으로 참여하였다. 성자분교는 원래 공산군 토벌을 위한 실전 재훈련을 실시하는 특별교육과정이었는데, 중일전쟁 발발 후에는 국민군 예비역 장교 3,000여 명을 재교육시켰다. 한인 입교생이 소속된 4중대도 절반은 중국인 예비역 장교들이었다.

입교생들은 국민당 당의黨義, 보병조전步兵操典, 병기학, 방공학, 기본 전술, 축성학, 국제정세 및 술과교육을 받았다. 조선민족혁명당 입교생들은 6기였다. 운영은 강택康澤이 관장하였고, 김홍일 외에도 윤세주尹世胄, 한빈韓斌(한미하일), 김두봉金科奉이 교관으로 있었으며, 주세민周世敏이 중대지도원, 이익성李益星과 최경수가 소대장을 맡았다. 그리고 중앙군관학교 10·11기생들인 섭홍덕葉鴻德, 이철중李哲重, 이지강李志剛, 조열광趙烈光, 이세영李世榮 등이 견습사관을 맡았다. 이 중 한빈이 정치 경제학을 맡았고, 김두봉은 한글 및 한국사, 윤세주는 조선독립운동사, 김홍일王逸曙

은 전술학을 가르쳤다고 한다. 한편 조선의용대의 창설 당시 구성원이었던 김학철은 김홍일이 가르친 과목이 조선혁명사였다고 하였다. 또한 일제는 정보 자료에서 김홍일이 학생 감독을 맡은 것으로 파악하였다.

조선의용대의 첫 근간이 될 한인 학생들은 6개월 과정의 군사훈련을 마치고 1938년 5월 24일에 졸업하였다. 이후 김홍일은 이들을 인솔하여 조선민족혁명당의 본부가 있는 한구에 도착하였다. 이 무렵 조선민족혁명당의 당수인 김원봉은 자신의 황포군관학교 4기 경력을 이용하여 중국국민당의 강택康澤, 등걸滕傑, 하충한賀衷寒 등의 인사들과 접촉하여 조선의용대 창설을 추진하고 있었다. 마침내 김원봉은 1938년 7월 7일에 중국 군사위원회에 정식으로 조선의용대 창설을 제안하였다. 이에 중국 군사위원회가 김원봉의 제안을 승인하면서 김홍일이 인솔해온 대원을 중심으로 1938년 10월 10일에 조선의용대가 창설되었다. 중국 관내 최초의 한인무장조직이 만들어진 것이었다.

조선의용대 창설의 배경에는 민족 항일 역량을 배가하기 위한 관내지역 좌파 세 단체의 통합이 있었다. 즉 조선민족혁명당과 조선민족해방동맹, 조선혁명자연맹이 1937년 말에 공동으로 조선민족전선연맹을 건립하였던 것이다. 조선민족전선연맹은 조선민족혁명당 등 각 당파로부터 중국국민정부 당국과 협상할 외교권을 부여받고 있었다. 따라서 한중 연대에 관해서 조선민족전선연맹은 전권을 가지고 중국 측에 접근하였다. 또한 조선민족전선연맹은 민족통일전선의 촉진, 한중 민족연합전선의 건립, 중국 항일전 참가의 세 가지를 주요 공작방침으로 삼았다. 즉 중국항전에 참가하여 일본 파쇼강도를 공동으로 타도하고 조선의 자유독립과 해방을 추구하기 위한 '무장대오의 건립' 문제가 조선민족전선연맹의 주요 공작임무의 하나로 설정되었던 것이다.

성자분교 특별훈련반을 졸업한 훈련생 전원은 조선민족전선연맹의 본부가 옮겨가 있던 무창으로 이동하여 그곳에 있던 민족전선연맹 간부 10여 명 및 동맹원 50여 명과 합류하였다. 이에 이르러 김원봉은 조선민족전선연맹의 청년 동맹원 및 성자분교 졸업생들로써 조선의용군을 조직하여 각 전구에 배속시켜 일선공작을 담당할 것을 중일전쟁 발발 1주년이 되는 1938년 7월 7일에 중국정부 군사위원회에 정식으로 제안하였다. 군사위원회에서는 장개석의 재가를 거쳐 이 안을 승인하였다. 다만 '군'은 규모가 큰 것을 이르는데 이제 설립하려는 부대는 그렇게 큰 규모는 되지 못하니 '대'로 할 것과, 의용대를 군사위원회 정치부의 관할 아래 둘 것을 조건으로 하였다.

이로써 군사위원회 정치부원 5명과 조선민족전선연맹의 이사 4명이 10월 1일 이후로 연일 회의를 열어 경비와 조직방식 등의 실무협의를 거듭한 끝에 만반의 준비를 완료하고, 드디어 10월 10일에 조선의용대를 창설하였다. 10월 13일에는 재한구 중화청년기독교회에서 조선의용대 창립 선전 유예대회를 갖고서 성립선언을 발표하였고 그로부터 본격적인 항일투쟁의 길에 나섰다.

조선의용대 대원들은 전반적으로 우수한 자질을 지닌 지식인 인재들이었다. 그들은 지적 수준과 언어능력이 높았고, 군사적 소양을 갖추고 있었으며, 교육을 통해 민족독립혁명의 이론과 전술을 어느 정도 습득하고 있었다. 또한 스무 살 청년 시절부터 항일투쟁에 투신해 온 투사

경력의 소유자도 많았다. 조선의용대의 표현을 빌리자면 "전체대원 열에 아홉은 황포군교를 위시하여 혹은 조선인 간부학교 혹은 중국 군사정치학교를 필업한 지식청년들로서 본대가 성립되기 전부터 이미 실제 혁명투쟁의 용로 속에서 다년 단련된 혁명청년들"이었다.

이처럼 심신지덕의 모든 면에서 뛰어난 자질을 갖춘 인재들의 집체였기 때문에, 조선의용대가 스스로의 조직 성격을 일컬어 "군중단체가 아니라 간부집단"이며, 거듭 "관내에 있어서 제일 우수한 군사정치간부의 절대 다수 골간으로서 조직된 간부집단"이라고 한 것도 결코 과장이 아닌 진실에 가까운 규정이었다고 보인다.

한 가지 주목해야 할 점으로, 조선의용대는 그 스스로가 단순히 군사단체로만 머물거나 그 성격을 제한하려 하지는 않았다는 점이다. '군사정치간부로 조직'되었다든지 '일종의 반군사반정치집단'이라고 표현한 자기규정에서도 암시되고 있다시피, 조선의용대는 독립 후의 새로운 민족국가 건설이라는 정치적 과업 수행의 일익을 담당할 기간인재(간부)로 구성되었음을 자부하고 있었다. 그만큼 조선의용대도 일정한 정치적 성향을 보유하고 있었음이 간과되어서는 안 될 것이다.

창설 당시 조선의용대는 총대부와 2개 구대의 편제로 짜여져 있었다. 편제와 편성 내역에 의거하면 창설 당시 조선의용대의 대원 수는 97명으로 추정된다. 다른 여러 자료들이 이와는 다른 수치로 제각기 조선의용대 창설 시의 인원규모를 제시하고 있어서 선뜻 단정짓기가 어렵지만, 자료의 출처와 작성 시점 및 제시 방식들을 비교해서 검토해 볼 때, 조선의용대는 당초 100명 내외의 인원으로 성립되었던 것으로 판단된다. 창설 후 석 달째인 1939년 1월에는 대원 규모가 140여 명으로 늘어났다. 그러나 조선의용대는 이에 만족하지 않고 줄곧 증편을 위해 여러모로 노력했던 것으로 보인다. 그 결과 1939년 말에 제1구대의 공작지였던 호남성湖南省 형양衡陽에서 기존의 제1구대원 일부와 그동안의 신입대원들로 새롭게 제3구대가 편성되었다.

김홍일이 조선의용대 창설에 관여하게 된 이유에는 진성의 지시와 함께 민족혁명당과의 관련도 있었던 것으로 생각된다. 이는 중경에서 작성된 시기 미상의 민족혁명당 간부 명단과 집감위원 및 특파공작원 명단에 각각 왕일서와 김홍일의 이름이 있는 것을 볼 수 있기 때문이다. 그리고 또한 조선의용대 결성 초기에 제3지대장으로 활동한 김영재(가명 金世一)는 김홍일과 친척 관계였고, 김원봉의 심복으로 통하는 인물이었다. 이러한 사실을 미루어 보았을 때 김홍일이 언제, 어떤 계기로 민족혁명당과의 관계를 시작했는지는 명확하지 않지만 조선의용대 결성 당시에 관계가 긴밀했을 것으로 추측해 볼 수 있다.

물론 김홍일 자신은 조선의용대와의 관계를 애써 축소하려고 하였다. 그는 회고록에서 조선의용대가 창설되었으며, 조선의용대의 주역들이 중국중앙육군군관학교 성자분교 한인특별반 출신이었음을 서술하고 있지만, 자신이 한인특별반 교관으로 있었던 사실은 기록하지 않았다. 조선의용대 창설도 한인 학생들이 주도한 것일 뿐 자신과는 관계없는 것처럼 서술하였다. 조선의용대 주력이 1941년에 황하를 건너 팔로군 지역으로 넘어가 조선의용대 화북지대를 조직하고, 이후 조선의용군으로 변모한 일에 대해서는 사실과 다른 내용을 적었다. 즉 조선의용대가 중경으로 와서 광복군의 제1지대가 되었는데, 이 광복군 제1지대가 연안으로 가서 조선의용군이 되었다는 것이다. 이 기록은 사실과 다르다. 중경으로 와서 광복군 제1지대가 되는 병력은 조선의용대 주력부대가 황하를 건너고 난 후 남은 병력을 김원봉이 이끌고 중경으로 와서 광복군과 통합한 것이다. 이들은 해방이 될 때까지 광복군 제1지대로 남았다.

그런데 왜 김홍일의 회고에는 잘못된 서술이 나타난 것일까? 이는 앞서 적기단이라는 명칭이 김홍일의 회고에 나타나지 않는 이유와 동일하다고 판단된다. 조선의용군은 해방 이후 북한군의 주력군이 되었다. 김홍일의 표현에 따르면 "죄악을 범하고 말았다." 김홍일은 한국전쟁 당시 국군의 장군으로 북한군과 직접 전투를 벌였다. 이런 상황에서 자신이 맞서 싸운 북한군의 모태가 된다고 할 수 있는 조선의용대와의 관계를 사실 그대로 쓰기는 힘들었을 것이다. 다만 조선의용대가 만주의 마점산馬占山 부대를 찾아가다가 도중에 우연히 팔로군과 합작하게 되었다고 왜곡을 한 것 같다. 그리고 그중에는 실제 공산당원이 5~6명 밖에 없었다는 주장을 하면서 조선의용대가 "김일성에 속아 북한 괴뢰군의 주력군이 되었다"는 서술로 조선의용대에 대한 그의 애증을 조금씩 드러낸 것으로 보인다.

하지만 김홍일이 조선의용대 창설에 깊숙이 관여했다는 사실은 역사적으로 부인할 수 없는 것으로 보인다. 조선의용대 창설과정에서 김홍일의 참여는 단순히 교관을 역임했다는 사실보다도 그가 국민혁명군 소속의 한인으로서 의용대 창설에 기여했다는 것에 의미가 있다. 또한 개인적으로 민족혁명당과의 관계를 통해 조선의용대라는 성과에 일조했다는 사실은 이 시기 한중 간의 연대를 상징하는 인물로서도 김홍일을 평가할 수 있는 부분이라 생각된다.

한국광복군의 조직

김홍일은 한국광복군에도 참여하여 활동하였다. 한국광복군은 대한제국의 군대와 독립군을 계승한 임시정부의 국군으로서 조직된 무장부대였다. 또한 임시정부가 추구해 온 군사정책의 결실이기도 했다. 이러한 한국광복군에는 창설 당시부터 많은 독립운동가들이 참여하였는데, 김홍일은 1945년 5월부터 참모장을 역임하였다.

임시정부는 중일전쟁이 일어나고 일본군의 점령 지역이 확대되면서 중국 대륙 여러 곳으로 이동해 다니다가 1939년 5월에 사천성四川省 기강綦江에 도착하였다. 기강은 중국국민당 정부가 임시 수도로 정한 중경에서 얼마 떨어지지 않은 작은 도시로, 비교적 전란으로부터 안전한 곳이었다. 임시정부는 이곳에서 조직의 확대와 개편을 도모하고 전시체제를 갖추어 나갔다.

임시정부의 조직을 확대하고 개편하는 작업은 민족주의 세력을 임시정부로 통합하는 것으로 추진되었다. 1930년대 중반 이래 임시정부는 김구가 주도하던 한국국민당 중심으로 운영되고 있었다. 여기에 조소앙, 홍진이 중심이 된 (재건)한국독립당과 이청천, 최동오가 이끄는 조선혁명당이 참여하였다. 통합하는 방법의 하나는 (재건)한국독립당과 조선혁명당 인사들을 의원으로 선출하여 임시의정원을 확대하는 것이었고,

광복군의 훈련 모습

다른 하나는 이들을 임시정부 국무위원과 각 부서의 책임자로 선출하여 임시정부의 조직을 새로이 구성하는 것으로 추진되었다. 1939년 10월 25일에 열린 임시의정원 회의에서 내무·외무·군무·법무·참모·재무의 6개 부서를 두기로 하고, 각 부서의 책임자를 선출하였다.

임시정부는 조직의 확대 개편과 더불어 전시체제를 갖추고자 하였고, 그 사업의 하나로 광복군 창설을 추진하였다. 광복군을 창설하는 작업은 기강에 도착한 직후부터 이루어졌다. 1939년 7월에 열린 국무회의에서 병력 모집을 위해 군사특파원을 파견하기로 결정하였고, 조성환을 주임으로 한 군사특파단을 구성하여 서안西安으로 파견하였다. 서안은 일본군이 점령하고 있는 화북 지역과 최전선을 이루고 있던 곳이었다. 이곳에 군사특파단을 파견하여 일본군 점령 지역에 있는 한인 청년들을 대상으로 병력을 모집하고자 하였다.

임시정부 군무장으로 있던 이청천은 광복군 창설 작업을 서둘렀다. 광복군을 창설하는 작업은 크게 세 방향으로 추진되었다. 첫째는 병력을 모집하는 것으로, 이는 군사특파단을 파견하여 추진하였다. 둘째는 중국정부와 교섭하는 일로, 이는 주로 김구가 주가화朱家驊를 비롯한 한국담당자들을 대상으로 추진하고 있었다. 셋째는 광복군 창설을 위한 계획을 수립하는 일이었다. 이 일은 군무장인 이청천이 주관하였던 것으로 보인다.

이청천은 1940년 5월에 한국독립당 중앙집행위원장 김구 명의로 주가화를 통해 장개석에게 제출한 '한국광복군편성계획대강韓國光復軍編練計劃大綱'을 제출하였다. 이는 광복군을 편성하여 한중연합군으로 중국군과 함께 연합작전을 전개한다는 전제하에, 광복군의 임무·병액·예속·편제·징모 방법·훈련 방법과 장소·활동 구역·동북 방면에 있는 한인무장대오에 대한 처리 방법·광복군의 속성 방법 및 선전요령·특무기관 부설 및 진행방략 등 광복군 창설에 대한 총체적인 계획서였다. 이 '계획대강'은 장개석의 승인을 얻게 되었다. 장개석은 '한국광복군이 중국항전에 참가한다'는 전제하에 이를 승인하고, 중국군사위원회 군정부로 하여금 조속한 실현을 준비하도록 지시하였다.

장개석의 승인이 떨어진 후 광복군을 창설하는 작업이 구체적으로 추진되었다. 우선 총사령부를 조직하기로 하였다. 병력이 확보되지 못한 상황에서 당시 임시정부에서 활동하고 있던 군사간부들을 중심으로 지휘부인 총사령부를 조직하기로 한 것이다. 1940년 8월 4일에 열린 임시정부 국무회의에서는 총사령부를 조직하기로 결정하고, 이청천을 총사령관으로 임명하였다. 총사령부를 조직하기로 하고 그 책임자인 총사령관을 먼저 임명한 것이다. 그리고 총사령관으로 하여금 총사령부를 구성하도록 하였다. 이에 따라 이청천은 간부들을 인선하여 총사령부를 구성하는 작업에 들어갔고, 8월 10일에 열린 국무회의에서는 이청천이 추천한 총사령부의 조직을 그대로 임명하였다. 이청천이 조직한 총사령부는 다음과 같다.

총사령관: 이청천

참모장: 이범석

참　모: 채원개, 이복원, 이준식, 김학규, 공진원

부　관: 황학수, 왕중량, 조시원

전령장교: 고일명, 유해준

주　계: 안훈, 김의한, 이상만, 민영구

군　의: 유진동, 임의택, 엄익근

이후 1940년 9월 17일에 개최된 한국광복군총사령부성립전례를 통해 한국광복군은 공식적으로 창설되었다. 창설 초기 광복군 총사령부에는 주로 만주 독립군 경력이 있는 인사가 주로 배치되었다. 실제로 참모장 인선에서는 김홍일이 천거되기도 하였으나 이청천의 추천으로 이범석이 임명되었다.

하지만 한국광복군은 창설과 함께 중국국민당 정부의 규제와 간섭을

광복군 총사령부 성립 전례식(1940. 9. 17.)

받아야 했다. 중국군사위원회는 한국광복군의 각 부서에 중국군 장교들을 파견하였고, 총사령부의 직제와 복제를 중국군과 같은 방식으로 바꾸는 등의 조치로 한국광복군을 전반적으로 장악하였다. 특히 조선의용대가 1941년 3월과 5월에 걸쳐 비밀리에 중국공산당 지역인 화북으로 이동하여 중국정부에 상당한 충격을 주었다. 보고를 받은 장개석은 참모총장 하응흠何應欽에게 "한국광복군과 조선의용대를 동시에 군사위원회에 예속케 하고 참모총장이 직접 통일 장악하여 운용하라"는 지시를 내렸다.

이에 따라 광복군이 중국군사위원회에 예속되는 결과를 초래하였다. 장개석의 지시를 받은 중국군사위원회가 광복군을 예속하는 조치를 취한 것이었다. 중국군사위원회 판공청은 1941년 11월 13일에 총사령관

이청천에게 "한국광복군을 본회에 귀속시켜 통할 지휘한다"고 하면서, 통할 지휘에 따른 광복군 활동을 규제하는 9개항의 '한국광복군행동9개준승韓國光復軍行動9個準繩'(이하 9개준승)을 보내왔다. 광복군을 중국군사위원회에 예속한다는 명령이나 다름없었다. 이로써 광복군은 중국군사위원회의 통할 지휘를 받게 되었다.

중국군사위원회에 예속되어 통할 지휘를 받게 되면서, 광복군은 독자적인 활동을 할 수 없었다. 중국 측의 조처에 대한 불만이 폭발하고, 9개준승을 취소하자는 논의가 일어났다. 특히 1942년 10월에 개최된 임시의정원 의회에서 여야 의원들이 모두 나서서 분통을 터뜨렸고, "9개준승을 즉시 취소하고 국제간에 평등한 입장에서 우호적으로 적극 원조하기를 요청한다"는 결의안을 채택하였다. 그리고 9개준승의 수정을 위한 기구를 발족시키는 한편, 임시정부로 하여금 이를 적극 추진하도록 요청하였다.

의정원의 요구에 따라 임시정부에서는 9개준승 취소를 위한 작업에 착수하였다. 1943년 1월에 열린 국무회의에서 조소앙과 김규식 등 5명을 선정하여, 이들로 하여금 9개준승 취소방안을 마련토록 하였다. 이들은 9개준승을 폐지하고 중국과 새로운 군사협정을 체결한다는 원칙하에, 전문 및 10개조로 구성된 '한중호조군사협정초안韓中互助軍事協定草案'을 마련하였다. 그 핵심은 '광복군을 임시정부에 예속토록 하고, 광복군 인원의 임면任免 및 정치훈련은 임시정부가 담당하며, 광복군에 대한 지원은 차관으로 한다'는 것이었다. 임시정부는 이 안을 중국 외교부에 제출하여 협상을 전개하였으나 별다른 진전을 보지 못하였다.

협상에 진전이 없자, 협상의 주체를 임시정부와 총사령관이 맡도록 하였다. 이에 의해 이청천은 1944년 6월 22일에 총사령관이 주최하는 형식으로 중국군사 위원회 실무자들과 협상을 벌였다. 협상은 4차례 이루어졌고, 이를 통해 9개준승을 취소한다는 원칙에 합의를 이루었다. 중국군사위원회에서는 이를 장개석에게 보고하였다. 그리고 장개석은 중국국민당 오철성吳鐵城에게 광복군을 임시정부에 예속케 하고, 9개준승을 취소하라는 지시를 내렸다.

이로써 광복군은 중국군사위원회의 예속에서 벗어났다. 동시에 임시정부가 통수권을 행사할 수 있게 되었다. 이를 계기로 이청천은 1944년 10월에 광복군총사령부조직조례 및 지대 편제표를 마련하여 광복군의 독립적인 조직체제를 확립하였다. 그리고 중국군 계급을 사용해왔던 것을 환원시켜 광복군의 계급을 사용토록 하는 등의 조처를 단행하였다. 이후 광복군은 독립성과 자주성을 회복하여 독자적인 활동을 전개할 수 있었다.

한국광복군 참모장으로 맞이한 해방

1944년 8월 23일, 마침내 광복군에 대한 통수권을 되찾은 임시정부는 독자적인 표식과 복제를 제정하고, 인원 구성에서도 연락인원과 경리인원과 같은 소수를 제외한 모든 중국인을 광복군에서 철수시켰다. 이러한 변화와 함께 기존의 중국인 참모장이었던 조덕수趙德樹가 돌아가고 김홍일이 1945년 5월 1일에 한국광복군 참모장으로 부임하였다. 그는 자서전에서 이 시기에 광복군 참모장으로 인선된 것은 김구의 권유로 인한 것이라고 하였다. 그러나 민족혁명당과의 관련도 있었던 것으로 생각된다.

광복군 참모장 시절의 김홍일(1945)

김홍일은 이 무렵 몇몇 정보자료에 등장한다. 먼저 1945년 6월 8일에 작성된 중국국민당 중앙집행위원회 수신의 임시정부의 최근 동태에 관한 문서에서는 왕일서가 김약산金若山(김원봉)의 계열이며, 처음 참모장에 임명되었을 때부터 '한국독립당'이 그의 임명에 반대하였다고 적시摘示하고 있다. 이러한 내용은 김홍일과 김원봉이 서로 일정한 관계가 있었음을 보여준다. 실제로 김홍일은 참모장 인선 당시 민족혁명당의 집행위원으로 활동하고 있었다. 이러한 점들을 보았을 때 김홍일의 참모장 인선은 김구의 주선이라는 표면적인 이유 아래 김원봉의 힘이 영향을 끼친 것으로 생각된다. 또한 김원봉은 이 시기에 "왕일서가 참모장에서 해임된다면 광복군 내에서 '민족혁명당' 당원은 모두 퇴출시킬 것"이라고 공언할 만큼 김홍일을 옹호하고 있었다. 이러한 발언들을 통해 김홍일의 참모장 인선은 김원봉이 광복군 내에서 세력을 유지하기 위해 추진한 한 방편이었다고 추측해 볼 수 있다.

김홍일은 광복군 참모장 인선이 결정된 직후 미국의 중국전구사령부에 보낸 서신에서 "현재 한국인들이 통일된 조직 혹은 지휘체제를 갖추지 못하다는 사실에 대하여 관심을 가져주기를 원하며 미국의 한국 임시정부와 광복군 지원이 비록 의심할 바 없이 좋은 의도에서 시작된 것이라 하더라도 귀하의 관심 방향에 있어서의 아주 사소한 차이가 우리 가운데서는 쉽게 서로의 틈을 크게 갈라놓을 지도 모릅니다"라고 적으면서 현재 광복군과 임시정부 사이에서 존재하는 갈등과 이에 대해 미국이 태도를 신중히 할 것을 당부하고 있다. 이것은 김홍일이 광복군의 지휘 계통에 혼란을 줄 수 있는 미국에게 중립적 태도를 취할 것을 요구한 것이었다.

김홍일이 우려한 광복군 내의 갈등은 참모장 취임 이후 실제로도 벌어졌던 것으로 보인다. 앞서 언급했던 임시정부의 최근 동태에 관한 문서에는 이 시기에 발생한 광복군 내의 대립 상황을 잘 보여준다. 그 내용은 "현재 광복군 내의 고위 간부, 특히 한국독립당의 이청천과 민족혁명당의 왕일서는 두 파로 나뉘어져 한국광복군의 지휘 계통에 혼선을 불러일으키고 있다"라는 것으로 이는 광복군 내부에서 벌어지는 한국독립당과 민족혁명당의 대립과 갈등을 단적으로 보여주는 것이었다. 그리고 대립의 중심에 있었던 김홍일은 사실상 광복군 내에서 민족혁명당을 대변하는 위치에 있었다.

한편, 김홍일은 참모장으로 부임하자마자 자신의 경력을 적극 활용하여 국민혁명군과의 합작을 추진하였다. 중국 서부 호남湖南 방면의 군사령관인 왕요무王耀武 장군과 협의하여 국민혁명군 제74군단과 한국광복군의 합작 계획을 수립한 것이다. 그 결과 며칠 사이에 협의가 이루어졌고, 이에 따라 광복군과 제74군단이 합작하여 일본군을 상대로 하는 작전에 임하기로 결정되었다. 작전을 위한 장비 일체도 광복군이 현지에 도착하는 즉시 지급받기로 약속을 받았다. 김홍일은 지청천 사령관과 함께 김구, 유동열, 김원봉 등과 회합을 갖고 광복군의 전군을 한곳에 집결시켜 호남으로 이동시킬 문제에 대해 장시간 토론하였다.

그러나 이 계획은 광복군 내에서 당시 진행 중이던 OSS(미 육군전략정보국) 합작 작전에 집중하자는 의견이 대두되면서 이루어지지 못하였다. 즉, 이 무렵 제74군단과의 합작계획을 두고 광복군 내에서는 지금 2지대와 3지대는 현지에서 OSS와 제휴하여 열심히 훈련을 받고 있는 중이며, 따라서 그들을 제외한 나머지 수백 명의 대원들만 가지고 왕일서 장군과 합작하는 것보다 미군과 손을 잡고 적 후방에 침투하여 게릴라전을 펴는 것이 더욱 효과적일 것이라는 주장이 나왔다는 것이다.

김홍일은 야심차게 추진하였던 제74군단과의 합작 작전이 무산되자 각지에서 전개되었던 초모활동과 선전활동에 힘쓰다가 해방을 맞이하였다. 일본 천황이 8월 15일에 드디어 항복 선언을 한 것이었다. 한인들이 있는 곳이면 어디에서나 마찬가지였지만, 김홍일이 있었던 중경 역시 환희의 도가니였다. 모두가 얼싸안고 거리로 뛰쳐나와 목청껏 만세를 부르는가 하면 노래와 춤과 시위의 물결로 중경 시가지는 삽시간에 축제의 분위기에 휩싸였다. 하늘에서는 불꽃이 아름답게 일었고, 땅 위에서는 폭죽이 통쾌하게 작렬하였다. 김홍일 역시 창자 속까지 가득히 차는 기쁨을 감당할 수 없었다. 그는 밤을 꼬박 새워가며 조국 광복의 기쁨을 목청껏 외쳤다.

그러나 기쁘면 기쁠수록 마음 한편 구석이 허전해져 견딜 수가 없었다. 광복군이 연합군의 일원이 되어 일제와 싸울 기회를 잃어버렸고, 그 와중에 일제가 패망해 버렸으니 장차 우리나라의 처지는 어떻게 될까 하는 불안감이 은연중에 가슴 속에 스며들었다. 그의 불안감은 현실이 되었다.

한국은 승전국으로 독립을 달성하기는커녕, 북위 38도선을 경계로 미국과 소련이 각각 점령군으로 진주하기로 결정되었다. 남북 분단의 씨앗이 뿌려진 것이었다. 연합국의 승인을 받지 못한 임시정부는 결국 '개인자격'으로 중국에서 마련해 준 비행기를 타고 고국으로 돌아가는 수밖에 없었고, 광복군도 일개 피난민의 신세가 되어 피난민들과 함께 송환선을 타고 쓸쓸히 귀국하는 수밖에 없었다. 김홍일은 그동안 조국 독립을 위해 분투한 30여 년간의 과거를 생각해서라도 도저히 일개 피난민의 신세가 되어 귀국하고 싶지 않았다.

김홍일은 귀국에 앞서 만주에 들러보기로 결심하였다. 30년 전 떠나온 고향에도 들러보고 싶었고, 평양에 들러서 은사 조만식으로부터 새로운 국가 건설에 관한 포부도 들어보고 싶었다. 김홍일은 만주를 통해 귀국할 계획을 세웠다. 그리하여 김홍일은 다시 국민혁명군으로의 복귀를 추진하였고, 동북보안사령장관부의 고급 참모로 복귀하여 중국군 활동을 이어갔다.

해방 후 동북 지역으로

김홍일은 해방 후 중국 동북 지역에서 한교 보호활동을 전개하기도 하였다. 한교 보호활동은 일제의 패망과 함께 무방비 상태에 놓인 한국 교민들의 생명과 재산을 보호하는 일이었다. 김홍일은 해방 직후 추진된 국민혁명군의 동북 진입에 함께 하면서 한교 보호활동을 전개하였다.

김홍일은 1945년 8월 15일 일제의 패망과 함께 한국광복군 참모장직을 사임하고 국민혁명군으로 복귀하였다. 그가 국민혁명군으로 복귀한 것은 해방에 이은 귀국보다는 중국에서의 활동에 더 뜻을 두었기 때문이다. 그리하여 김홍일은 이 무렵 국민혁명군에서 추진하고 있었던 동북 진출을 함께 하게 되었다.

중국국민당은 1945년 10월 18일에 소련군으로부터 동북 지역을 접수하기 위해 곤명방수사령부昆明防守司令部를 동북보안사령장관부東北保安司令長官部로 개칭하면서 두율명杜聿明을 동북보안사령장관에 임명하였다.

곤명방수사령부는 중일전쟁 당시 버마전선(미얀마)에 참전한 군대와 이후 곤명지방에서 편성된 학생군이 합쳐진 부대로, 동북 지역에 대한 경험이 전무한 부대였다. 그렇기 때문에 두율명은 동북 지역 진입에 앞서 지역을 잘 알고 있는 참모를 원하고 있었다. 이에 김홍일이 고급 참모로 임명되어 국민혁명군과 함께 동북 지역으로 향하였다.

해방 직후 동북 지역의 현지 중국인들 사이에는 한국 교민들이 곧 일본인들과 함께 송환될 것이라는 소문이 퍼져 있었다. 이러한 소문 때문에 한국 교민들에 대한 생명 위협이 증대되었고, 한국 교민들이 그동안 일구어 왔던 재산과 농지를 강제로 빼앗기는 등의 피해가 발생하고 있었다. 이렇듯 한국 교민들의 피해는 시간이 흐를수록 증가하고 있었지만 이를 단속하는 것은 전후 일본인의 재산압수와 강제송환을 담당하는 일교사무처가 맡고 있었기 때문에 한국 교민들만을 관리하는 독자적인 단체나 기구가 필요한 현실이었다.

김홍일은 이러한 동북 지역 한국 교민들의 사정을 잘 알고 있었다. 따라서 그는 두율명의 양해를 얻어 동북보안사령장관부 산하에 한교판사처韓僑辦事處를 건립하였다. 한교판사처는 설립과 함께 한교처리임시판법韓僑處理臨時辦法을 마련함으로써 동북 지역 한국 교민 처리에 대한 법적 보장을 만들었다. 그리고 동북각지한국 교민회조직요강東北各地韓國僑民會組織要綱을 만들어 발표함으로써 교민 단체의 조직명을 모성某省 모현某縣의 한국 교민회로 통일하게 하고, 교육지원과 최소한의 분쟁 조정권을 주어 활동하도록 하였다.

김홍일이 한국 교민 보호 활동을 전개하고 있을 무렵, 임시정부는 중

중한문화협회 동북분회 성립 기념(1946) 둘째 줄 가운데가 김홍일이다.

국 내 한국 교민 업무를 담당하게 할 목적으로 주화대표단을 조직하여 중국 각지에 파견하고 있었다. 주화대표단은 1946년 가을부터 중국 동북 지역에도 진출하였는데, 이는 곧 한국 교민 관리에 대한 양 단체의 대립으로 이어졌다.

김홍일은 주화대표단이 동북 지역으로 진출하여 한국 교민판사처와 마찰을 빚자 임시정부의 환국 사실을 주장하며 주화대표단의 존재 의의를 부정하였다. 이에 주화대표단은 장개석에게 김홍일은 공산당과 내통한 자라고 하면서 당장 체포할 것을 강력히 요구하였다. 그리고 한국 교민에 대한 협조 처리 기관으로 동북총판사처 외에 기타 조직을 만주에서 불허해 줄 것을 요청하였다.

김홍일의 이와 같은 행동은 동북 지역 한국 교민 관리에 대한 주도권 경쟁에서 주화대표단을 견제하기 위함이었다. 이 당시 주화대표단은 이미 중국 각지에서 한국 교민을 관리하고 있는 영향력 있는 단체였다. 이러한 주화대표단의 동북 진출은 김홍일의 한국 교민판사처의 강력한 경쟁자가 되었던 것이다. 한국 교민을 관리한다는 것은 단순히 교민의 보호와 귀국 알선에만 목적이 있는 것이 아니었다. 각 지역의 교민들을 대상으로 거두는 건국의연금은 각 단체나 세력들의 재정 마련을 위한 방도가 되었으며, 군대의 확충에도 이용할 수 있었다.

장개석(앞)과 김홍일(1945)

하지만 이러한 대립에서 김홍일은 승자가 되지 못하였다. 국민당은 국공내전의 과정에서 한국 교민 정책의 비중이 점차 높아지고 있으나 한국 교민판사처가 효율적으로 대처하지 못하고 있다고 생각하였다. 또한 여기에 한교사무처장으로 있는 김홍일마저 공산당과 내통한 혐의로 물의를 빚게 되자, 국민당 정부는 김홍일을 관내로 소환하고 교포 업무를 외교부 주동북특파원공서駐東北特派員公署의 관리하에 주화대표단이 담당하도록 지시했다. 이로써 동북 지역에서 일어난 한국 교민에 대한 갈

등은 주화대표단이 주도권을 가지는 것으로 일단락되었다. 그러나 이 시기에 김홍일에게 씌워졌던 '공산당과 내통한 자'라는 누명은 곧바로 해소되지 못하였던 것으로 보인다. 이것은 그가 이후에 귀국을 위해 전역을 신청하였으나 공산당과의 연루 의혹을 들어 전역이 허락되지 않는 상황이 벌어졌기 때문이다. 하지만 김홍일이 남한으로 환국하였던 점과 이후 활발한 반공 활동을 전개하는 모습을 보았을 때, 이는 오해였던 것으로 보인다.

한편 김홍일이 관내로 소환된 후 동북 지역에서는 국공내전의 전세가 악화되면서 주화대표단의 활동 또한 어려움을 겪기 시작하였다. 그리고 동북 지역의 내전 악화는 관내로 이어지면서 결국 1948년 8월 10일에 주화대표단마저 해체되고 말았다. 김홍일과 주화대표단의 한국 교민 보호활동은 국민당과 국민혁명군의 지원을 받고 있는 현실이었기 때문에 국공내전이 악화됨에 따라 축소되었다.

그립던 조국으로 가다

일본이 패망한 이후, 김홍일은 고향인 평안북도 양시를 거쳐 서울로 귀국하려고 하였다. 그가 중국 동북 지역에서 한국 교민 보호 활동을 한 것도 고향으로 돌아가는 방편을 알아보려는 의도가 있었다. 그러나 동북 지역에서 활동하는 동안 조국은 남북이 분단되고 38선이 고착화되어 감에 따라 고향을 거쳐 서울로 갈 수가 없게 되었다.

그러던 중 서울의 미 군정청에서 통위부장 자리에 있던 유동열로부터 연락이 왔다. 통위부장 자리는 앞으로 국군의 기초가 될 터전을 마련하는 자리이니만큼 김홍일이 속히 귀국하여 자신을 도와달라는 것이었다. 그리고 귀국의 편의를 위하여 박시창으로 하여금 교통편을 마련하도록 하고 그를 천진으로 보낼테니 반드시 귀국해 달라고 요청하였다. 김홍일 역시 천진을 경유해 귀국할 의사를 가지고 있었다.

하지만 귀국 계획은 어떤 사람의 모함으로 좌절되고 말았다. 누군가가 김홍일을 모함하기 위해 미국전략정보부의 직원들에게 그가 공산당원이니 경계하여야 한다고 무고한 것이다. 그리하여 그는 30여 년간의 쓰라린 망명생활을 청산하고 귀국하기 위하여 모든 정리를 마쳤음에도 불구하고 잠시 귀국을 단념할 수밖에 없었다. 물론 김홍일도 다른 사람들과 함께 피난민선으로 귀국할 수 있었다. 하지만 김홍일은 자신이 해외에서 30여 년간의 항일활동 결산으로 일개 피난민의 신세가 되어 귀국한다는 것을 용납할 수가 없었다. 따라서 귀국을 포기하고 남경으로 돌아갔다.

김홍일은 1948년 8월에 서북항공회사에서 '상해-서울-농경' 산의 항로가 개통된 것을 이용하여 귀국할 채비를 차렸다. 그는 서울로 가는 비행기에 몸을 실었다. 조국의 독립을 위한 30여 년에 걸친 망명생활의 끝이었다. 비행기 창문으로 멀어져가는 중국 대륙을 지켜보는 그의 머리에 조국의 독립과 번영을 위해 시베리아에서와 중원 대륙에서 젊음과 온갖 열정을 다바쳐 싸워 왔던 30년의 세월이 주마등처럼 지나갔다. 그러나 그의 앞에는 분단된 조국이 있었다.

대한민국 정부가 수립된 지 2주일이 지난 1948년 8월 28일 오후 5시, 김홍일은 30년만에 고국 땅을 밟았다. 공항에는 그보다 먼저 귀국한 동지들인 신익희, 유동열, 이범석, 최용덕, 송호성 등이 그를 맞이하기 위하여 기다리고 있었다. 이제 해방된 조국에서 분단된 조국의 통일과 민족의 영원한 복리를 위하여 남은 생애를 아낌없이 바쳐야 한다는 각오가 그와 함께 했다.

김홍일은 어린 시절에 러일전쟁을 겪으면서 기울어가는 나라의 현실을 느낄 수 있었다. 그는 당시 대표적 민족교육기관이었던 오산학교를 수석으로 졸업함으로써 독립운동에 투신할 것을 생각하였다. 김홍일은 오산학교에서 배운 신학문과 계몽사상을 가지고 황해도에 위치한 경신학교의 교사로 부임하면서 교사생활을 시작하였다. 하지만 일제의 감시와 탄압으로 인해 교사 활동을 이어갈 수 없게 되자 1918년에 중국으로 망명하였다.

약관의 나이로 식민지 조선을 떠난 중국으로 망명한 김홍일이 목적지로 삼은 곳은 당시 중국 각 지역의 군벌들이 경쟁적으로 설립하여 운영하고 있던 군관학교였다. 그는 처음부터 무장투쟁으로 독립을 이루려는 뜻을 두고 있었던 것이다. 결국 그는 귀주육군강무학교를 졸업하고 본격적으로 항일무장투쟁의 길로 나서게 되었다.

김홍일이 항일무장투쟁을 위해 상해를 찾아간 1920년 말은 간도와 연해주 일대의 한인무장부대들을 한곳에 집결시켜 대규모 통합 군단을 이루려는 움직임이 무르익고 있던 시기였다. 이에 따라 간도와 연해주의 많은 무장부대들이 시베리아의 자유시로 모여들고 있었다. 김홍일도 이런 흐름에 참가하였다. 그는 연해주를 거쳐 자유시로 가기 위해 간도로 향했다. 간도에서는 통합 군단 수립 계획에 동의하여 연해주로 옮겨가고자 하는 군비단을 만나 군비단의 연해주행을 이끌게 되었다. 김홍일이 인도한 군비단은 온갖 어려움을 극복하고 연해주 이만에 도착했지만, 자유시에서 무장부대의 주도권을 두고 다툼이 벌어지고 있던 당시 상황 때문에 군비단의 계획은 수정되었다. 군비단은 이만에 남아 원동공화국 인민혁명군과 함께 백군 및 일본군과 싸우기로 결정하고 부대의 명의를 고려혁명의용군으로 고쳤다.

이 무렵 자유시사변에서 무장해제를 피해 도주한 군인들 가운데 100여 명이 연해주 이만으로 집결하였다. 이들과 고려혁명의용군 간부들은 대회를 열어 고려혁명의용군을 대한의용군으로 재편하고 상위 정치조직으로 대한의용군사의회를 조직하였다. 이용이 사령관으로 임명된 대한의용군에서 김홍일은 3중대장에 임명되었다. 또한 그는 대한의용군 산하에 개설된 사관학교에서 학도대장으로 선임되어 교관으로 활동하였다. 사관학교에서 사용된 교재는 김홍일이 가지고 있던 중국군관학교 교재들로 김홍일이 우리말로 옮겨 가르쳤다. 이렇게 재편된 대한의용군은 원동공화국 인민혁명군과 연합하여 1921년 12월 초에 일어난 이만전투를 시작으로 원동해방전쟁에 투입되어 활약하게 된다.

일본군의 지원을 받는 백군들이 불시에 이만을 공격함으로써 시작된 원동해방전쟁에서 대한의용군이 세운 공적은 대단히 컸다. 한운용이 이끌던 2중대는 이만역을 지키는 전투에서 뛰어난 전과를 거두고 희생당

했으며, 김홍일은 온갖 어려움을 극복하며 남은 1, 3중대를 안전하게 후방으로 철수시켰다. 원동공화국 인민혁명군과 함께 퇴각한 대한의용군 1, 3중대는 이후 원동해방전쟁의 전환점이 된 볼로차예프카 전투의 최선봉에서 영웅적인 모습을 보여주었다. 이후 인민혁명군은 거침없이 진격하여 1922년 2월 28일에는 마침내 이만을 탈환하였다.

그러나 대한의용군은 볼로차예프카 전투 이후 더 이상 전투에 참가하지 않고 특립보병대대라는 이름으로 하바롭스크 주변 일대를 수비하는 임무를 맡게 되었다. 김홍일은 이 부대의 부대대장으로 임명되었다. 이후 이용이 이만전투 희생자들의 장례를 위해 이만으로 간 이후에는 김홍일이 대대장을 맡았다. 그는 한인특립보병대대를 지휘하여 하바롭스크 주변을 수비하는 임무를 적절히 수행하였다. 그해 5월 1일 노동절에는 사령관의 자격으로 러시아군대의 사열을 받기도 하였다. 하지만 한인특립보병대대를 대규모 항일군단으로 조직하려던 김홍일의 꿈은 한인부대 내부의 갈등과 이를 핑계로 한 원동공화국 당국의 약속 불이행으로 사라지고 말았다. 한인특립보병대대는 해체되었고 김홍일은 이를 뒤로 한 채 중국령으로 돌아갔다.

중국 목릉현 팔면통에서 중학교 교사를 하고 있던 김홍일은 1924년 초에 영고탑을 거쳐 돈화현으로 가서 대한의용군사위원회를 부활시키고 간도에서 독립운동 세력을 규합하기 위해 용정으로 파견되었다. 용정에서 명동중학교의 교사로 그곳의 청년조직을 맡아 활동하던 김홍일은 이후 일본 경찰에 정체가 드러나 장춘으로 옮겨갔다. 장춘에서 결혼을 하고 생활하던 그는 중국의 북벌혁명에 참가해 달라는 요청을 받고 상해를 향해 떠났다. 상해를 떠나 항일무장투쟁에 직접 참가한 지 만 6년이 지난 시점이었다. 김홍일은 중국 관내로 돌아와 국민당군에 투신하여 국민당의 북벌과 중일전쟁에 참여하면서 빠른 진급을 거듭하여 1939년 5월에 소장으로 진급하였다.

김홍일은 국민혁명군에서의 활발한 활동과 함께 한국독립운동에도 참여하였다. 먼저 그는 임시정부 군무부장 노백린의 권유로 1921년에 만주에 파견되어 군비단의 자유시 이동에 함께하였다. 그러나 자유시참변으로 인하여 독립군통합계획은 좌절되었고, 이후 김홍일은 와해되었던 독립군들을 재규합한 고려혁명의용군, 대한의용군사회에 참여하였다. 이를 통해 그는 만주와 연해주에서 1922년까지 일본군과 백군을 상대로 전투를 전개하였다.

그리고 김홍일은 임시정부가 주도한 한인애국단에 참여하여 큰 역할을 담당하였다. 많은 의열활동 가운데 이봉창 의거와 윤봉길 의거는 김홍일이 폭탄을 제공함으로써 실행될 수 있었다. 이 시기 김홍일은 침체되었던 한국독립운동의 활성화에 결정적 기여를 함으로써 독립운동계에 그의 존재감을 알릴 수 있었다.

김홍일은 조선의용대의 창설에도 관여하였다. 조선의용대의 창설 과정에서 김홍일은 교관으로 참여하여 교육과 병력 인솔을 담당하였다. 이 시기 김홍일은 민족혁명당과의 긴밀한 관계를 통해 조선의용대 창설에 기여하였다. 이후 1945년 5월에는 한국광복군의 참모장으로 취임하였다. 그의 참모장 취임은 김구의 권유에 의한 것이었지만 이면에는 민족혁명당이 있었다. 당시 민족혁명당의 당원으로 활동하고 있던 김홍일은 참모장에 선임되면서 광복군 내에서 민족혁명당을 대변하는 인물이 되었다. 비록 짧은 기간의 참모장 생활이었지만 중국군과의 연대를 추진하는 등의 활발한 활동을 하였다.

1945년 8월 15일에는 일제의 갑작스런 패망을 맞았으나, 귀국을 선택하지 않았다. 그는 해방과 함께 다시 국민혁명군으로의 복귀를 추진하였다. 그리하여 김홍일은 동북보안사령장관부의 참모로 복귀하여 중국 동북 지역의 한국 교민 보호활동을 1947년까지 전개하였다. 이와 같은 활동은 해방 후 가장 많은 한인들이 거주하고 있었던 동북 지역에서 한인 출신의 국민혁명군으로서 한국 교민 보호에 앞장섰다는 점에서 의의를 찾을 수 있다. 이후 그는 중국 국방부의 정치국 전문위원을 끝으로 국민혁명군에서 전역하여 1948년 8월 23일에 귀국하였다. 30여 년에 걸친 조국 독립을 위한 망명 생활의 끝이었다.

김홍일은 일제강점기 중국 군관학교의 졸업을 통해 독립을 추구했던 많은 인물 중 하나였다. 그러나 그의 독립운동에는 다른 인물들이 가지고 있지 않는 특징이 있다. 그 특징은 1926년 임관부터 1948년까지 지속적으로 중국군으로 활동하면서 한국독립운동에 참여했다는 것이다. 이것은 한중연대의 과정에 참여한 것이라 표현할 수 있다. 그가 전개한 여러 활동들은 독립운동 시기에 여러 한중연대라는 성과를 만들어 내었고, 이를 통해 한국독립운동에도 지대한 공헌을 하였다. 이러한 점들로 볼 때 김홍일은 국민혁명군 활동을 바탕으로 한국독립운동을 적극 지원하고 참여함으로써 한중연합전선을 성공적으로 도운 독립운동가로 평가할 수 있다.

김홍일의 삶과 자취

1898	9월 23일 평안북도 용천군 양하면 오송리에서 김진건의 3남으로 출생
1913	부친이 운영하는 풍곡재에서 소학교 과정을 마치고, 중국 요녕성 봉천(현 심양) 소서변문외양등학교 고등과 입학
1914	4월 오산학교 2학년으로 편입
1918	3월 오산학교를 9회 수석 졸업
	이승훈의 주선으로 황해도 신천의 경신학교 교사로 재직
	오산동문회사건에 연루되어 피체됨
	9월 신의주를 통해 중국 상해로 망명
	황개민으로부터 귀주성 독군의 아들 유강오를 소개받음
	12월 귀주 도착(이 시기부터 왕웅王雄이라는 중국 이름 사용)
1919	1월 귀주육군강무학교 입학
	3월 3·1운동
	12월 귀주육군강무학교 제2기 졸업
1920	1월 병과별 교육을 위해 호남성 신규의 육군실시학교 입학
	7월 제2차 호법전쟁(기관총 소대장, 탄약관리장교)에 참전
	11월 귀주를 떠나 상해 출발
1921	3월 임시정부 노백린의 권유로 만주행
	3월 29일 안도현의 군비단과 접촉함
	4월 자유시로 출발

	5월 이만 도착
	7월 군비단과 북간도 국민회 군사부 합병(고려혁명의용군 조직하여 제2중대장에 임명)
	12월 이만전투
1922	7월 대한의용군사회 해체
1923	9월 목릉에 중학교 설립
	길림성 돈화에서 박춘근, 마진, 서상용, 임표 등과 함께 대한의용군사회 재건 시도
	명동중학교에서 수학과 체육교사로 재직(가명: 최세평崔世平 사용)
1924	10월 일제의 감시를 피해 명동학교를 떠나 장춘에서 생활
	장춘에서 최서경과 결혼
1926	상해로 이동하여 국민혁명군에 참가
	7월 북벌 개시
1927	7월 국민혁명군 중령, 절강성 수비독립경비연대 부연대장 겸 1대대장
	8월~9월 용담전투 참가(공로장 수여)
	9월 6일 무한·남경정부 통합
	12월 광주봉기
1928	4월 제남사건
	5월 제남작전 유공훈장 수여
	7월 북벌 종료
	총사령부 군기처(병기감) 통계과장
1929	오송요새 사령부 참모장
1931	11월 상해 병공창 병기주임(대령)
1932	상해 병공창의 주임 직책과 19로군 후방 정보국장 겸임

	1월 8일 이봉창 의거 지원
	2월 출운호 폭파를 계획함
	4월 29일 윤봉길 의거 지원(이때를 기점으로 왕일서王逸曙로 개명)
	남경 공병학교 부관처장 재직
1934	3월 공산당 토벌 제2로군 총지휘부 대령 참모
1937	7월 7일 중일전쟁 발발
	12월 강릉군관학교 교관
1938	만가령회전 참전(유공수대훈장)
	10월 10일 조선의용대 창설
1939	5월 제19집단군 총사령부 참모처 처장, 소장 진급
	12월 7일 일본군의 진주만 공습
1941	상고회전 참전(영예훈장)
1942	1월 중국육군대학 입교
	5월 조선의용대 한국광복군 편입
1943	12월 중국육군대학 졸업
1944	1월 계림의 국민혁명군 제2병단 참모처장
	10월 지식청년군 창설계획 참여
1945	중국항전유공승리훈장 및 항전기념장 수여
	5월 1일 한국광복군 참모장으로 부임
	8월 15일 광복
	11월 국민혁명군 소장 복귀
	12월 동북보안사령장관부 고급참모 겸 한교사무처장
1947	중국 군무부 정치국 전문위원
1948	8월 28일 귀국

자료

한국

- 강상진, 「군비단에서」, 『독립군의 수기』, 국가보훈처, 1995.
- 강우건, 「강우건유고」, 『독립군의 수기』, 국가보훈처, 1995.
- 국사편찬위원회 편, 『한국독립운동사자료』 30, 1995.
- 국사편찬위원회 편, 『한국독립운동사』 자료 2 임정편, 1983.
- 김영신 편역, 『장중정총통당안 중 한국 관련 자료 집역』, 선인, 2011.
- 김홍일, 『大陸의 憤怒 – 老兵의 回想記』, 文潮社, 1972.
- 단국대학교 동양학연구소 편, 『이봉창 의사 재판 관련 자료집』, 단국대학교 출판부, 2004.
- 대한민국임시정부자료집편찬위원회 편, 『대한민국임시정부자료집』 12(한국광복군 3), 국사편찬위원회, 2006.
- 대한민국임시정부자료집편찬위원회 편, 『대한민국임시정부자료집』 13(한국광복군 4), 국사편찬위원회, 2006.
- 독립기념관 한국독립운동사연구소 편, 『한국독립운동사사전』, 운동 단체편, 1996.
- 독립유공자공훈록편찬위원회 편, 『독립유공자공훈록』 4, 국가보훈처, 1987.
- 독립유공자공훈록편찬위원회 편, 『독립유공자공훈록』 5, 국가보훈처, 1988.
- 매헌윤봉길전집편찬위원회 편, 『매헌 윤봉길 전집』 제6권, 매헌윤봉길의사기념사업회, 2012.

- 오산중고등학교동창회 편, 『五山學校 同窓名簿錄』, 1976.
- 용천군지편찬위원회 편, 『용천군지』, 평안북도 용천군민회, 1998.
- 추헌수, 『資料 韓國獨立運動』 Ⅰ, 연세대학교출판부, 1971.
- 추헌수, 『資料 韓國獨立運動』 Ⅱ, 연세대학교출판부, 1972.
- 한국정신문화연구원 편, 『韓國獨立運動資料集: 中國人士證言』, 박영사, 1983.
- 한국정신문화연구원 편, 『韓國獨立運動證言資料集』, 박영사, 1986.
- 『誠齋 李東輝 全書』 下卷, 독립기념관 한국독립운동사연구소, 1999.
- 『遲耘 金錣洙』, 한국정신문화연구원 현대사연구소, 1999.
- 『韓國獨立運動史資料集 - 洪範圖편』, 정신문화연구원, 1995.

중국

- 中國 社會科學院 臺灣研究所 主編 徐克禮·朱顯龍, 『中國國民黨全書』 上·下, 陝西人民出版社, 2001.
- 중국조선민족발자취총서 편집위원회 편, 『중국조선민족발자취총서』 5(승리), 민족출판사, 1992.
- 中華民國 教育部 編, 『中華民國建國史』 第三編 統一與建設(一)·(二), 國立編譯館, 1989.
- 中華民國國防大學 編, 『中國現代軍事史主要戰役表』, 由美軍顧問團史政處, 1967.

러시아

- 십월혁명십주년 원동기념준비위원회 편, 『십월혁명십주년과 쏘베트고려민족』, 해삼위도서주식회사, 1927.

신문·잡지

- 『동아일보』.
- 『사상계』.

단행본

- 기세찬, 『中日戰爭時期(1937~1945) 國民政府軍의 對日軍事戰略 變化 研究』, 고려대학교 대학원 박사학위논문, 2010.
- 김광재, 『한국광복군』, 경인문화사, 2009.
- 김영범, 『혁명과 의열 – 한국독립운동의 내면』, 경인문화사, 2010.
- 김학철, 『최후의 분대장』, 문학과지성사, 1995.
- 김형목, 『교육운동』, 경인문화사, 2009.
- 김희곤, 『중국 관내 한국독립운동단체 연구』, 지식산업사, 1995.
- 박환, 『在蘇韓人民族運動史』, 국학자료원, 1998.
- 반병률, 『1920년대 전반 만주·러시아지역의 항일무장투쟁』, 경인문화사, 2009.
- 윤상원, 『러시아지역 한인의 항일무장투쟁 연구(1918~1922)』, 고려대학교 대학원 박사학위논문, 2010.
- 이정식, 한홍구 엮음, 『항전별곡』, 거름, 1986.
- 임경석, 『한국 사회주의의 기원』, 역사비평사, 2003.
- 정정화, 『장강일기』, 학민사, 1998.
- 한상도, 『한국독립운동과 중국군관학교』, 문학과지성사, 1994.
- 한시준, 『韓國光復軍研究』, 一潮閣, 1993.

논문

- 김영범, 「조선의용대연구」, 『한국독립운동사연구』 2, 독립기념관 한국독립운동사연구소, 1988.
- 김정인, 「임정주화대표단(駐華代表團)의 조직과 활동」, 『역사와 현실』 24, 한국역사연구회, 1997.
- 김종문, 「金弘壹의 생애와 독립운동」, 단국대학교 대학원 석사논문, 2013.
- 김주용, 「중국 長白地域 독립운동단체의 활동과 성격 – 大韓獨立軍備團과 光正團의 활동을 중심으로」, 『史學硏究』 92, 한국사학회, 2008.
- 배경한, 「북벌시기 장개석과 반제문제 – 濟南事件(1928.5)의 解決交涉過程과 反日運動에의 對應을 중심으로」, 『역사와 경계』 25·26합집, 부산경남사학회, 1994.
- 신승하, 「1920年代 中國의 政治와 軍閥 – 10年代 末과 20年代 初를 中心으로」, 『中國硏究』 2, 단국대학교부설 중국연구소, 1980.
- 신용하, 「백범 김구와 한인애국단의 의열투쟁」, 『백범과 민족운동연구』 1, 백범학술원, 2003.
- 염인호, 「1940년대 재중국 한인 좌파의 임시정부 참여 – 朝鮮民族革命黨 사례를 중심으로」, 『대한민국임시정부 수립 80주년 기념 논문집』 하, 국가보훈처, 1999.
- 염인호, 「解放後 韓國獨立黨의 中國 東北地方 進出과 在中韓國獨立黨의 政策(45. 8~47. 2)」, 『역사교육』 60, 역사교육연구회, 1996.
- 이현주, 「1942년 조선민족혁명당의 임시의정원 참여와 노선투쟁」, 『한국독립운동사연구』 33, 독립기념관 한국독립운동사연구소, 2009.
- 한상도, 「日帝下 在中韓人獨立運動의 國際的 背景 – 中國軍閥政權 및 國民黨政府와의 관계를 중심으로」, 『건대사학』 8, 건국대학교사학회, 1993.
- 한시준, 「李奉昌 義士의 日王狙擊義擧」, 『한국근현대사연구』 17, 2001.

ㄱ

ㄴ

ㄷ

ㅇ

ㅈ

대륙에 용맹을 떨친 명장 김홍일

1판 1쇄 인쇄 2015년 12월 10일
1판 1쇄 발행 2015년 12월 20일

글쓴이　윤상원
기　획　독립기념관 한국독립운동사연구소
펴낸이　윤주경
펴낸곳　역사공간
주소: 서울특별시 마포구 동교로 142-11 플러스빌딩 3층
전화: 02-725-8806, 팩스: 02-725-8801
E-mail: jhs8807@hanmail.net
등록: 2003년 7월 22일 제6-510호

ISBN 979-11-5707-078-7 03900

• 이 도서의 국립중앙도서관 출판예정도서목록(CIP)은 서지정보유통지원시스템 홈페이지(http://seoji.nl.go.kr)와 국가자료공동목록시스템(http://www.nl.go.kr/kolisnet)에서 이용하실 수 있습니다.(CIP제어번호: CIP2015035541)

역사공간이 펴내는 '한국의 독립운동가들'

독립기념관은 독립운동사 대중화를 위해 향후 10년간 100명의 독립운동가를 선정하여,
그들의 삶과 자취를 조명하는 열전을 기획하고 있다.

001 근대화의 선각자-최광옥의 삶과 위대한 유산
002 대한제국군에서 한국광복군까지-황학수의 독립운동
003 대륙에 남긴 꿈-김원봉의 항일역정과 삶
004 중도의 길을 걸은 신민족주의자-안재홍의 생각과 삶
005 서간도 독립군의 개척자-이상룡의 독립정신
006 고종 황제의 마지막 특사-이준의 구국운동
007 민중과 함께 한 조선의 간디-조만식의 민족운동
008 봉오동·청산리 전투의 영웅-홍범도의 독립전쟁
009 유림 의병의 선도자-유인석
010 시베리아 한인민족운동의 대부-최재형
011 기독교 민족운동의 영원한 지도자-이승훈
012 자유를 위해 투쟁한 아나키스트-이회영
013 간도 민족독립운동의 지도자-김약연
014 대한민국 임시정부의 민족혁명가-윤기섭
015 서북을 호령한 여성독립운동가-조신성
016 독립운동 자금의 젖줄-안희제
017 3·1운동의 얼-유관순
018 대한민국임시정부의 안살림꾼-정정화
019 노구를 민족제단에 바친 의열투쟁가-강우규
020 미 대륙의 항일무장투쟁론자-박용만
021 영원한 대한민국임시정부의 요인-김철
022 혁신유림계의 독립운동을 주도한 선각자-김창숙
023 시대를 앞서간 민족혁명의 선각자-신규식
024 대한민국을 세운 독립운동가-이승만
025 한국광복군 총사령-지청천
026 독립협회를 창설한 개화·개혁의 선구자-서재필
027 만주 항일무장투쟁의 신화-김좌진
028 일왕을 겨눈 독립투사-이봉창
029 만주지역 통합운동의 주역-김동삼
030 소년운동을 민족운동으로 승화시킨-방정환
031 의열투쟁의 선구자-전명운
032 대종교와 대한민국임시정부-조완구
033 재미한인 독립운동의 표상-김호
034 천도교에서 민족지도자의 길을 간-손병희
035 계몽운동에서 무장투쟁까지의 선도자-양기탁
036 무궁화 사랑으로 삼천리를 수놓은-남궁억
037 대한 선비의 표상-최익현
038 희고 흰 저 천 길 물 속에-김도현
039 불멸의 민족혼 되살려 낸 역사가-박은식
040 독립과 민족해방의 철학사상가-김중건
041 실천적인 민족주의 역사가-장도빈
042 잊혀진 미주 한인사회의 대들보-이대위
043 독립군을 기르고 광복군을 조직한 군사전문가-조성환
044 우리말·우리역사 보급의 거목-이윤재
045 의열단·민족혁명당·조선의용대의 영혼-윤세주
046 한국의 독립운동을 도운 영국 언론인-배설
047 자유의 불꽃을 목숨으로 피운-윤봉길
048 한국 항일여성운동계의 대모-김마리아
049 극일에서 분단을 넘은 박애주의자-박열
050 영원한 자유인을 추구한 민족해방운동가-신채호

051 독립전쟁론의 선구자 광복회 총사령 – 박상진

052 민족의 독립과 통합에 바친 삶 – 김규식

053 '조선심'을 주창한 민족사학자 – 문일평

054 겨레의 시민사회운동가 – 이상재

055 한글에 빛을 밝힌 어문민족주의자 – 주시경

056 대한제국의 마지막 숨결 – 민영환

057 좌우의 벽을 뛰어넘은 독립운동가 – 신익희

058 임시정부와 흥사단을 이끈 독립운동계의 재상 – 차리석

059 대한민국임시정부의 초대 국무총리 – 이동휘

060 청렴결백한 대한민국 임시정부의 지킴이 – 이시영

061 자유독립을 위한 밀알 – 신석구

062 전인적인 독립운동가 – 한용운

063 만주 지역 민족통합 운동을 이끈 지도자 – 정이형

064 민족과 국가를 위해 살다 간 지도자 – 김구

065 대한민국임시정부의 이론가 – 조소앙

066 타이완 항일 의열투쟁의 선봉 – 조명하

067 대륙에 용맹을 떨친 명장 – 김홍일